OXFORD

take off in
Italian

Tania Batelli-Kneale and Anna Di Stefano

OXFORD
UNIVERSITY PRESS

OXFORD

UNIVERSITY PRESS

Great Clarendon Street, Oxford OX2 6DP

Oxford University Press is a department of the University of Oxford.
It furthers the University's objective of excellence in research, scholarship,
and education by publishing worldwide in

Oxford   New York

Athens Auckland Bangkok Bogotá Buenos Aires Calcutta
Cape Town Chennai Dar es Salaam Delhi Florence Hong Kong Istanbul
Karachi Kuala Lumpur Madrid Melbourne Mexico City Mumbai
Nairobi Paris São Paulo Singapore Taipei Tokyo Toronto Warsaw

with associated companies in Berlin Ibadan

Oxford is a registered trade mark of Oxford University Press
in the UK and in certain other countries

Published in the United States
by Oxford University Press Inc., New York

First published 2001
This second edition 2004

British Library Cataloguing in Publication Data

Data available

Library of Congress Cataloging in Publication Data

Data available

ISBN 0–19–860910–8 (Book and cassettes)
ISBN 0–19–860911–6 (Book and CDs)
ISBN 0–19–860992–2 (Coursebook)
This coursebook is only available as a component of Take Off In Italian

1

Commissioning and editorial development: Tracy Miller
Project management: Natalie Pomier
Audio production: Martin Williamson, Prolingua Productions,
Daniel Pageon, Actors World Production Ltd
Music: David Stoll
Design and typesetting: Oxford Designers & Illustrators

Every effort has been made to contact the copyright holders of the
illustrative material in this title. If notified, the publisher will be
pleased to amend the acknowledgement in any future edition.

Printed in Great Britain by
Clays Ltd, Bungay, Suffolk

Contents

Introduction

Oxford Take Off in Italian is designed to help the beginner develop the basic language skills necessary to communicate in Italian in most everyday situations. It is intended for learners working by themselves, providing all the information and support necessary for successful language learning.

How to use the course

The book and the recording are closely integrated, as the emphasis is on speaking and listening. The course is led by the recording, which contains step-by-step instructions on how to work through the units. The presenters on the recording will tell you when to use the recording on its own, when to use the book, and when and how to use the two together. The book provides support in the form of transcriptions of the recording material, translations of new vocabulary, and grammar explanations. You'll find this icon in the book when you need to listen to the recording.

1 (recording/book) Read the unit objectives on the first page telling you what you will learn in the unit, and then begin by listening to the **dialogue** on the recording. You may not understand everything the first time you hear it, but try to resist the temptation to look at the transcript in the book. The first activity on the recording will help you develop your listening skills by suggesting things to concentrate on and listen out for. You'll be given the opportunity to repeat some of the key sentences and phrases from the dialogue before you hear it a second time. You may need to refer to the vocabulary list (book) before completing the second activity (book). Listen to the dialogue as many times as you like, but as far as possible try not to refer to the dialogue transcript (book).

2 (book) Once you have listened to all the new language, take some time to work through the **Vocabulary, Language Building,** and **Activities** in the book to help you understand how it works.

3 (recording) Then it's time to practise speaking. First you'll find **Pronunciation practice** on the recording, focusing on an aspect of pronunciation that occurs in the dialogue. Next is the **Your turn (E ora a voi)** activity. You will be given all the instructions and cues you need by the presenter on the recording. The first few times you do this you may need to refer back to the vocabulary and language building sections in the book, but aim to do it without the book after that.

4 (book) The fourth learning section, **Culture**, concentrates on reading practice. Try reading it first without referring to the

vocabulary list to see how much you can already understand, making guesses about any words or phrases you are not sure of. The activities which accompany the text will help you develop reading comprehension skills.

5 (recording/book) For the final learning section, return to the recording to listen to the **Story**. This section gives you the opportunity to have some fun with the language and hear the characters in the story use the language you have just learnt in different situations. The aim is to give you the confidence to cope with authentic Italian. There are activities in the book to help you.

6 (book) Return to the book, and work through the activities in the **Test** section to see how well you can remember and use the language you have covered in the unit. This is best done as a written exercise. Add up the final score, and if it is not as high as you had hoped, try going back and reviewing some of the sections.

7 (recording/book) As a final review, turn to the **Summary** on the last page of the unit. This will test your understanding of the new situations, vocabulary, and grammar introduced in the unit. Use the book to prepare your answers, either by writing them down or speaking aloud, then return to the recording to test yourself. You will be given prompts in English on the recording, so you can do this test without the book.

8 (book) At the very end of each unit you will find some suggestions for **revision** and ideas for further extending your practice with the language of the unit.

Each unit builds on the work of the preceding units, so it's very important to learn the vocabulary and structures from each unit before you move on. There are review sections after units 3, 7, 10, and 14 for you to test yourself on the material learned so far.

Other support features
If you want a more detailed grammar explanation than those given in the Language Building sections, you will find a *Grammar Summary* at the end of the book. For a definition of the grammar terms used in the course, see the *Glossary of Grammatical Terms* on page 245.

The *Answers* section supplies the answers to all the book activities. Many of the test sections end with a short exercise requiring information about yourself. In such cases the Answers section will give sample answers to indicate the key phrases you should use, but you may need to check some vocabulary in a dictionary.

At the end of the book you'll find a comprehensive Italian–English *Vocabulary*.

For additional practice, your *Take Off In Italian* pack contains an extra CD you can listen to while on the go without having to refer to the coursebook. You will also find a travel dictionary and phrasebook that easily slips into your handbag or pocket when you travel around.

The Italian language

Italian is widely regarded as an inherently musical language: this is probably attributable to the fact that most words end in a vowel. Not only does this make it a very suitable language for opera, it also means that once you are familiar with its rhythms, it is a comparatively easy language to pronounce.

Even if you are a complete beginner, you are probably already familiar with a good range of Italian words, such as **ciao**, **spaghetti**, **opera**, **minestrone**, **al fresco**, and so on. Moreover, as Italian and English share a common source in Latin, many words are similar in both languages. As you progress through your studies, patterns will start emerging, you will be able to guess the meaning of many words, and even perhaps be bold enough to guess at some words and get them right.

Italian has borrowed many English words over the years. **il computer, il marketing, il check-in, OK, un party, un week-end** are just a few examples. Some borrowed words have been adjusted and Italianized, such as **stoppare** ('to stop') and **cliccare** ('to click a computer mouse').

There are a few general differences between Italian and English, which are worth noting before getting started. Unlike English, Italian is a phonetic language: within the limits of a few simple rules, letters are pronounced consistently. This makes it a comparatively easy language to speak. The regular sound-to-letter correlations also mean there are rarely any surprises in spelling.

As Italian (like French, Spanish, and Romanian) belongs to the Romance group of European languages that are derived from Latin, nouns are either masculine or feminine and articles and adjectives have to agree with the nouns they refer to. Italian has more variation in verb forms than English: for example, where English has just two verb forms in the present tense ('live' – for I/you (singular and plural)/we/they – and 'lives' – for he/she/it), Italian has six different forms – **abito**, **abiti**, **abita**, **abitiamo**, **abitate**, **abitano**. Italian also has two ways of addressing people (**tu** being the informal and **lei** the formal 'you' form), which affects pronouns, possessives, and verb forms.

Most Italians are very sympathetic towards people making an effort to speak their language and will encourage you in your attempts. We hope you will enjoy the course and have a go at speaking Italian whenever you get a chance.

Pronunciation

To achieve good pronunciation, there is no substitute for listening carefully to the recording and, if possible, to Italian native speakers, and trying to reproduce the sounds you hear. Here are a few guidelines for you to keep in mind when doing so. You will find this section most useful if you listen to the Pronunciation section on the recording as you read it.

Vowels

Italian vowels are always pronounced very clearly. When vowels are grouped together in a word, they are always pronounced separately.

	Phonetic symbol	English approximation	Example
a	/a/	cat *but short*	mamma, papà
e (open)	/ɛ/	let	bello, sette
e (closed)		race	sera, mela
i	/i/	easy	insetto, isola
o (open)	/ɔ/	lost	nostro, otto
o (closed)			amore, giorno
u	/u/	good	lunedì, urgente

Examples of vowels grouped together
aereo, buono, fiume

Consonants

Most consonants are pronounced as in English. Note the following:

Written as	Phonetic symbol	English approximation	Example
c + a/o/u or a consonant	/k/	cat	cane, come, cuoco, credere, che
c + e/i	/tʃ/	chimney	cena, ciao
g + a/o/u or a consonant	/g/	get	gatto, gola, guanti, grigio
g + e/i/	/dʒ/	jump	gelato, gioco
gli	/ʎ/	billiards	tagliatelle, figlio
gn	/ʃ/	onion	signore, ingegnere
h is silent after c or g, it makes the letters 'hard' cat, get		honest	hanno, habitat che, Inghilterra
r	/r/	*always rolled*	grazie, cameriere
sc + e/i	/ʃ/	ship	pesce, sciare
z	/tʃ/	its	stazione, grazie
	/dʒ/	suds	zucchero, zero

Double consonants

Where the consonant is doubled (**notte**, **penna**), the sound is held for twice as long, as in the middle of the English phrases 'bla<u>ck c</u>offee, whi<u>te t</u>ie, ga<u>s s</u>tove, to<u>p p</u>art,' and so on. Any consonant can be doubled in Italian except for **h** and **q**.

A**nn**a, ma**pp**a, pu**bb**lico, ma**mm**a, no**tt**e, pe**nn**a

Stress

Italian words are usually stressed on the penultimate syllable.

casa, ma**ri**to, Inghil**te**rra, intelli**ge**nte

If the stress falls on the last syllable, this is indicated by an accent.

• caf**fè**, felici**tà**, pe**rò**

Meeting people
Buongiorno, come si chiama?

OBJECTIVES
In this unit you'll learn how to:
✓ greet people
✓ introduce yourself
✓ talk about nationalities
✓ say where you come from
And cover the following grammar and language:
✓ formal and informal ways of addressing people
✓ regular verbs in **-are**
✓ the irregular verb **essere** ('to be')
✓ adjectives of nationality

LEARNING ITALIAN 1

Remember that you can go a long way with just a little language. Even if you feel unsure about your ability to form correct, complete sentences, you'll find that it is possible to communicate with just a few words. Above all, don't worry about getting things wrong: people will still be able to understand you.

Practise speaking Italian as often as you can – even speaking to yourself is good practice. If you can, record yourself regularly – you can learn a lot from playing it back.

 Now start the recording for Unit 1.

1.1 What's your name?

Come si chiama, lei?

ACTIVITY 1 is on the recording.

ACTIVITY 2

Say in which conversations the speakers are being informal.

DIALOGUE 1

○ Io sono Corrado. E tu – come ti chiami?
■ Mi chiamo Antonella.

○ Ciao, Anna. Come stai?
■ Bene, Elio. E tu?
○ Bene, bene.
■ Ciao, Elio!
○ Arrivederci, Anna.

▼ Buongiorno, Signora Colletta. Come sta?
● Bene, grazie, Signor Stefano – e lei?
▼ Abbastanza bene, grazie.
● Arrivederla!

◗ Buonasera. Sono Ernesto Prodi. Come si chiama?
◆ Marta Ferrante. Piacere.

VOCABULARY	
buongiorno	hello, good morning, good afternoon
(io) sono	I am
come ti chiami?	what's your name? [*informal*]
(io) mi chiamo	my name is
arrivederci/la	goodbye [*informal*]/[*formal*]
ciao	hi, bye
come stai/sta?	how are you? [*informal*]/[*formal*]
bene	well, fine
e	and
tu/lei	you [*informal*]/[*formal*]
Signora/Signor	Mrs, Madam/Mr
grazie	thank you
abbastanza bene	quite well
buonasera	good evening, hello
piacere	pleased to meet you

✓ Formal/ Informal address ('you')

In Italian, you can address people in an informal way or **tu** form, used with young or familiar people and in a formal way or **lei** form. This takes the third person of the verb (the form used with he/she).

Come **stai (tu)**?/Come **sta (lei)**? How are you?

✓ Regular verbs in -are (1)

When you look up an Italian verb in the dictionary, you will always find it in the infinitive form. Infinitives end in **-are**, **-ere**, or **-ire**. These endings indicate how the other parts of the verb are formed.

To form the present tense (singular) of a verb ending in **-are**, the following endings are added to the stem (see Grammar Glossary):

lavorare – to work
(io)	**lavoro**	I work
(tu)	**lavori**	you work [*informal*]
(lui/lei; lei)	**lavora**	he/she works; you work [*formal*]

In Italian, subject pronouns are generally omitted (unless you want to place emphasis on them): the subject is shown in the verb ending. You may also see the formal 'you' written with a capital – **Lei**. In this course, the **lei** form has been used throughout.

chiamarsi ('to be called'), also a regular **-are** verb, is a reflexive verb. These verbs take a reflexive pronoun (roughly meaning 'myself', 'yourself', etc.) before the verb. (see Unit 6 and Grammar p 228).

Io **mi chiamo** Enzo. I'm called Enzo.
Come **si chiama** quella ragazza? What's that girl's name?

ACTIVITY 3

Find the right phrase for each of the following situations.

1 You're saying hello to a young person.
2 You're meeting your Italian host for the first time.
3 You're asking someone you've just met what his name is.
4 You're introducing yourself to a young woman and asking her name.

a Mi chiamo Angelo – e tu?
b Come si chiama?
c Buonasera, Signora Franchi.
d Ciao, Mario.

 Now do activities 4 and 5 on the recording.

1.2 Do you live in Bologna?
Abiti a Bologna?

ACTIVITY 6 is on the recording.

ACTIVITY 7

1 Jenny è americana.	V / F
2 Mario è di Bologna.	V / F
3 Mario è italiano.	V / F
4 Jenny è in vacanza.	V / F
5 Mario abita a Pisa.	V / F

DIALOGUE 2

○ Jenny, sei americana?
■ No, sono inglese.
○ Di dove sei?
■ Di Oxford. E tu, Mario, sei italiano?
○ Sì. Come mai sei in Italia?
■ Sono in vacanza. Tu abiti qui a Bologna?
○ No, sono qui per lavoro. Sono di Pisa, ma abito a Firenze.

VOCABULARY

sei	you are, are you? [*informal*]
americano/a	American
no	no
inglese	English
di	from
dove	where
italiano/a	Italian
sì	yes
come mai	how come
in	in
Italia	Italy
in vacanza	on holiday, on vacation
qui	here
a	in [*also* at]
ma	but
per	for
per lavoro	on business, for work
abitare	to live

⊘ essere ('to be')

The verb **essere** ('to be') is an irregular verb: it doesn't follow the patterns of any of the three main verb types.

(io)	**sono**	I am
(tu)	**sei**	you are [*informal*]
(lui/lei; lei)	**è**	he/she is; you are [*formal*]

⊘ The prepositions *in* and *a*

When referring to location, the preposition 'in' is translated as:

a with cities:	**a Roma, a Londra, a Parigi**
in with countries and regions:	**in Italia, in Spagna, in Francia, in Toscana, in Lombardia**

⊘ Adjectives of nationality

In Italian, adjectives ending in **-o** in the masculine singular change to **-a** when they refer to a woman. Adjectives ending in **-e** do not change.

masculine	feminine	
-o	**-a**	Franz è **austriaco** – Gertrude è **austriaca** (Austrian)
-e	**-e**	Sean è **irlandese** – Clare è **irlandese** (Irish)

Note that there is no capital letter on nationalities in Italian.

australiano/a	Australian	**olandese**	Dutch
brasiliano/a	Brazilian	**portoghese**	Portuguese
canadese	Canadian	**russo/a**	Russian
danese	Danish	**scozzese**	Scottish
gallese	Welsh	**spagnolo/a**	Spanish
giapponese	Japanese	**svedese**	Swedish
greco/a	Greek	**tedesco/a**	German

ACTIVITY 8

Match each question 1–5 with the correct answer from a–e.

1 Dove abiti?	a Sono qui in vacanza.
2 Come sta?	b No, è brasiliano.
3 Antonio è spagnolo?	c Bene, grazie.
4 Di dove sei?	d A Mantova, e tu?
5 Come mai sei in Italia?	e Di Verona.

🎧 Now do activities 9 and 10 on the recording.

1.3 We live in the centre
Abitiamo in centro

ACTIVITY 11 is on the recording.

ACTIVITY 12

Which of the following phrases do you hear in Italian?

1 Do you still live here in the centre?
2 We live in Milan.
3 Antonello works here in Como.
4 Now they are in Rome.

DIALOGUE 3

○ Marianna! Antonello! Come va?
■ Federico! Abbastanza bene, grazie – e tu?
○ Bene. E voi come mai siete qui?
▼ Siamo qui per comprare qualcosa per Paola. Tu e
  Giovanna abitate ancora qui in centro?
○ No, ora abitiamo in viale Manzoni. E voi lavorate ancora
  a Milano?
▼ Io purtroppo sì, ma Antonello lavora qui a Como.
■ Ricordi Lucio e Ornella? Ora sono a Roma, lavorano lì,
  ma tornano a Como spesso.

VOCABULARY	
come va?	how is it going?
voi	you [*plural*]
siete	you are [*plural*]
siamo	we are
per [+ *infinitive*]	in order to
comprare	to buy
qualcosa	something
ancora	still
il centro	centre
ora	now
viale	avenue
purtroppo	unfortunately
ricordare	to remember
lì	there
tornare	to come back
spesso	often

✅ Negatives

To make a sentence negative, you simply put **non** in front of the verb.

> **Sono/non sono** americano. I'm/I'm not American.
> **Abito/non abito** in Toscana. I live/I don't live in Tuscany.

✅ Asking questions

There are two ways of asking questions: (a) keeping words in the same order, but use a rising intonation; (b) using a question word – then the verb and the subject change places.

> **È francese?** Are you French?
> **Dove lavora Roberta?** Where does Roberta work?

✅ Regular verbs in -*are* (2)

-are verbs have the following forms with plural subjects:

(noi) **abit*iamo*** we live   (voi) **abit*ate*** you live
(loro) **abit*ano*** they live

✅ *essere* (2)

The verb **essere** has the following forms with plural subjects:

(noi) **siamo** we are   (voi) **siete** you are
(loro) **sono** they are

ACTIVITY 13

Answer the following questions.
Example: Michelangelo è francese? *No, non è francese, è italiano.*

1 Hillary Clinton è australiana?
2 Goethe è francese?
3 Aristotle Onassis è americano?
4 James Joyce è canadese?

ACTIVITY 14

Complete the sentences using the correct form of **essere** or **abitare**.

1 Di dove _____? – _____ di Genova – e tu?
2 Di dov' _____ Marco? – Marco _____ di Bologna.
3 Dove _____, Signor Franchi? – _____ a Catania, in Sicilia – e lei?
4 Dove _____ voi? _____ a Pisa.

Now do activities 15 and 16 on the recording.

7

1.4 Let's talk about Italy

Parliamo dell'Italia

The modern state of Italy as we know it today came into being in 1860. Historically and culturally, however, Italy was a major influence throughout the world long before that date.

Each region of Italy has its own history and cultural background, which affect all aspects of life, from cooking to language. This cultural and historical diversity derives in part from the influence of the different civilizations which have held sway over different regions throughout history: Etruscans in **Toscana**, Greeks in **Calabria**, Romans with their empire starting in **Lazio** and extending throughout Italy and beyond, and Normans in **Sicilia**, to name a few. Italians feel a strong sense of loyalty first to the **città** (town), then to the **provincia** (county), then to the **regione** (region), and only last to the **nazione** (nation). This local pride is known as **campanilismo** and can be partly attributed to the fact that the unification of Italy only happened relatively recently. The best example of this phenomenon is perhaps represented by the famous **Palio di Siena**, where 17 different **contrade** (districts of the town) compete every year against each other in a traditional and frantic horse race with the total and whole-hearted participation of the town.

Italians who live **nel Nord** (in the north of Italy) have different habits from those who live **nel Sud** (in the south) or **nelle isole** (on the islands), reflecting different rhythms of life. For example, in **Lombardia** and **Piemonte**, rich industrial regions in the north, an hour is standard for lunch (**il pranzo**), while from **Campania** southwards lunch breaks can last 3 hours. Most of the companies and shops in the north work to **orario unico** (the 9 to 5 system) instead of **orario spezzato** (when offices and shops close for lunch), which sees southern employees having to fight their way to and from work through the traffic twice a day.

There is also a wide linguistic diversity in Italy, from dialects to entirely different languages. Most regions have their own dialects, which are quite widely spoken. In the south there are entire communities which still speak Greek, while in the north in **il Sud Tirolo** in the **Trentino-Alto Adige** region, school children are actually taught in **tedesco** (German) – their first language.

ACTIVITY 17

How well do you know Italy?

Answer the questions by inserting the missing towns and regions, following the example. Put the underlined letters in the right order to give the name of an Italian city, famous for its cheese and ham. For the Italian names of towns and regions use the map on below.

Dov'è il Monumento a Colombo? *A Genova, in Liguria*

1 Dov'è La Scala? = − − − − − ,
_____

2 Dov'è San Pietro? − − − − − ,
_____

3 Dov'è il Vesuvio? − − ■ − − − ,
_____

4 Dov'è San Marco? − − − − − − ■ ,
_____

5 Dov'è la Fiat? − − ■ − − − ,
_____

6 Dov'è la Valle dei Templi? − − − − − − − − − ,
_____

7 Dov'è la Torre Pendente? − − − ■ ,
_____

Famous Italian city _ _ _ _ _

9

1.5 Un amico di troppo

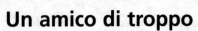

UN INCONTRO FORTUNATO
A LUCKY ENCOUNTER

In the bar at the university, Roberto, a sociology student, has just spotted a girl he has never seen before …

fumare	to smoke
nuovo/a	new
studiare	to study
perché	because, why
misterioso/a	mysterious
curioso/a	curious
eccomi	here I am
arrivare	to arrive
subito	straightaway, immediately
arrivo subito	I'm just coming
chi?	who?
un/una collega	a colleague [*here* a fellow student]
allora	well
a presto	see you soon

ACTIVITY 18

Listen to the the story and decide whether the following statements are true or false.

1 Stefania fuma.   V / F
2 Stefania è di Verona.   V / F
3 Stefania studia tedesco.   V / F
4 Roberto è misterioso.   V / F
5 Roberto è curioso.   V / F

ACTIVITY 19

Listen to the recording again and put the events in the correct order.

a Stefania says she is studying German at the university.
b Roberto says that Stefania is mysterious.
c Roberto asks Stefania who Massimo is.
d Stefania says her name.
e Stefania tells Massimo that she will join him soon.
f Roberto asks if she smokes.

Roberto	Ciao, fumi?
Stefania	No, grazie non fumo.
Roberto	Sei nuova?
Stefania	Sì.
Roberto	Come ti chiami?
Stefania	Stefania.
Roberto	Piacere, io sono Roberto. Tu non sei di qui? Di dove sei?
Stefania	Sono di Venezia.
Roberto	Come mai sei qui?
Stefania	Studio tedesco all'università.
Roberto	Sì, ma come mai sei qui?
Stefania	Perché no?
Roberto	Sei misteriosa!!
Stefania	E tu sei curioso!!
	...
Massimo	Ah, sei qui Stefania!
Stefania	Sì, eccomi Massimo, arrivo subito.
Roberto	Chi è? Un collega? Studiate insieme?
Stefania	No ... sì ... beh, allora, ciao, Roberto. A presto!
Roberto	Ah, sì ...Ciao, Stefania.

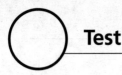

Test

Now it's time to test your progress in Unit 1.

1 Match the following words and phrases with their English equivalents.

1	come va?	a	how is it going?
2	grazie	b	how are you?
3	come stai?	c	are you French?
4	arrivederci	d	thanks
5	è francese?	e	I'm Piero
6	a presto	f	I live in …
7	sono Piero	g	see you soon
8	abito a …	h	goodbye

8

2 Put the sentences in the correct order to make a dialogue.

a Luisa – e tu?
b Ah, e abiti a Lisbona?
c No, sono americano. E tu, di dove sei?
d Anthony. Allora a presto, Luisa!
e No, abito e studio a Oporto.
f Come ti chiami?
g Ciao, sei inglese?
h Sono portoghese di Lisbona.

8

3 Complete the table with the right nationality for each person, using the correct form of the adjective.

	Francia	Grecia	Italia	Inghilterra	Germania	Spagna	Irlanda
Fritz							
Carlos							
Spyros							
Maria			italiana				
Céline							
Siobhan							
Sophie							

6

4 Complete the sentences by filling in the gaps with the correct form of **abitare** or **essere** or the appropriate adjective.

1 Dove abitate? – ____ a Verona.
2 Rachel è inglese? – No, è di Boston, è ____.
3 Nick e Jim, di dove ____? – ____ in Francia, ma siamo di Londra.
4 Anna è di San Gimignano, in Toscana. È ____.

5

5 How would you say the following in Italian?
(2 points for each correct answer, 1 point if you make an error)

1 Ask a friend where he lives.
2 Ask a stranger what her name is.
3 Say that they live in London.
4 Ask two people where they work.

8

6 Fill in the gaps with the appropriate verb.

| è   abitiamo   stai   mi chiamo   siete   sei |

1 (Tu) Come _____?
2 Juan, _____ spagnolo o portoghese ?
3 (Voi) di dove _____?
4 Lucia _____ di Genova.
5 _____ Giorgio Canova.
6 Io e la Signora Bianchi _____ a Napoli.

6

7 Complete the following sentences using **in** or **a**.

1 Lavoro ___ Bologna.
2 Marianna studia ___ Inghilterra.
3 Abito ___ Pisa, ___ Toscana.
4 Maria è di Barcellona, ___ Spagna, ma lavora ___ Londra.

4

TOTAL SCORE 45

If you scored less than 35, go through the dialogues and the Language building sections again before completing the Summary on page 14.

Summary 1

 Now try this final test summarizing the main points covered in this unit. You can check your answers on the recording.

How would you:
1 say hello in the morning? evening? goodbye to your friends?
2 tell someone you are called Francesca?
3 ask someone's name informally?
4 ask a friend of your parents how she is?
5 ask someone you don't know if he's German?
6 ask a friend where she lives now?
7 say that you're from Parma in Italy?
8 say that you and Antonio are from Rome and work in Naples?
9 ask two friends where they're from?

REVISION

Before moving on to Unit 2, play Unit 1 through again and compare what you can say and understand now with what you knew when you started. Go over vocabulary and practise the verbs which have been introduced.

Once you have progressed through a few more units, come back to Unit 1 again to try the dialogues and activities again, to help you consolidate what you have learned.

What job do you do?
Che lavoro fa?

OBJECTIVES

In this unit you'll learn how to:

- ✓ talk about your job and what you do
- ✓ ask people what they do
- ✓ give reasons for doing something

And cover the following grammar and language:

- ✓ the irregular verb **fare** ('to do', 'to make')
- ✓ nouns and gender
- ✓ the definite article (**il, lo, l', la**)
- ✓ the preposition **per** with nouns and infinitives
- ✓ regular verbs in **-ere**

LEARNING ITALIAN 2

Don't try to do too much at once. You will find you can learn more effectively if you study for half an hour or so at regular intervals, rather than try to do a whole unit at one sitting.

 Now start the recording for Unit 2.

2.1 What do you do?
Che cosa fai?

 ACTIVITY 1 is on the recording.

ACTIVITY 2

Fill in the chart with the subject for each person.

	Subject studied
Patrizia	
Luca	
Giovanna	
Francesco	

DIALOGUE 1

○ Patrizia, tu che cosa fai?
■ Sono studentessa. E tu, Luca?
○ Anch'io sono studente, studio economia a Roma. E tu?
■ Faccio medicina. E Giovanna e Francesco, cosa fanno?
○ Lei fa biologia, lui fa architettura.
■ Anche loro a Roma?
○ Sì, sì. Patrizia, domani tu e Claudio che cosa fate?
■ Forse facciamo una gita. E tu, cosa fai?
○ Io e Francesco studiamo e poi giochiamo a calcio.

VOCABULARY	
che cosa?/cosa?	what?
fare	to do [*also* to make]
studentessa	student [*female*]
anche	also
studente	student [*male*]
economia	economics
medicina	medicine
biologia	biology
architettura	architecture
domani	tomorrow
forse	perhaps
una gita	a trip
giocare	to play
calcio	football
poi	then

✓ *fare* ('to do', 'to make') – irregular verb

(io)	**faccio**	(noi)	**facciamo**
(tu)	**fai**	(voi)	**fate**
(lui/lei; lei)	**fa**	(loro)	**fanno**

Oggi Giovanna non **fa** la pizza. Today Giovanna is not making pizza.

I Signori Ferrara **fanno** una passeggiata. The Ferraras [Signor and Signora Ferrara] are going for a walk.

Note that the present tense can be translated in one of two ways, depending on the context.

Giorgio **guarda** la televisione. Giorgio is watching television.

Giorgio **guarda** la televisione la sera. Giorgio watches television in the evening.

✓ University subjects

chimica	chemistry	**lettere**	literature
fisica	physics	**lingue**	languages
informatica	computer studies	**matematica**	maths
ingegneria	engineering	**psicologia**	psychology
legge	law	**sociologia**	sociology

✓ Giochiamo!

In the **tu** and **noi** form, verbs ending in **-care** and **-gare**, such as **giocare** ('to play'), **cercare** ('to look for'), **pagare** ('to pay'), add an **h** before the **-i** and **-iamo** endings. This is to keep the hard **c/g** sound.

Stasera non **giochiamo** a calcio. We're not playing football tonight.

Cerchiamo Antonio. We're looking for Antonio.

Paghi il conto? Are you paying the bill?

ACTIVITY 3

Match each of the questions 1–5 with the appropriate answer from a–e.

1 Francesco fa lingue?   a Domani gioco a calcio!
2 Voi cosa fate?   b Facciamo biologia.
3 Tu cosa studi?   c No, guardano la televisione.
4 Cosa fai domani?   d No, non fa lingue, fa lettere.
5 Fanno una gita in   e Io faccio medicina.
   campagna?

 Now complete activities 4 and 5 on the recording.

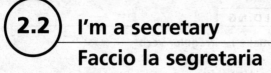

2.2 I'm a secretary

Faccio la segretaria

ACTIVITY 6 is on the recording.

ACTIVITY 7

Correct the statements which are false.

1	Mr Burton is studying French.	V / F
2	Mr Burton is a psychologist.	V / F
3	Signora Marchesi teaches German.	V / F
4	Signor Marchesi is in Italy for work.	V / F
5	Signor and Signora Marchesi are here on holiday.	V / F

DIALOGUE 2

○ Signora Burton, lei è qui in vacanza?

■ Io sì, mio marito invece è qui per imparare l'italiano. E lei, Signor Marchesi?

○ Io sono qui in vacanza con la famiglia. Lei, che cosa fa?

■ Faccio la segretaria. E lei?

○ Faccio il medico. E il Signor Burton?

■ Fa lo psicologo. Lei, dove lavora?

○ A Napoli, ma viaggio molto per lavoro.

■ E la Signora Marchesi, che cosa fa?

■ Fa l'insegnante. Insegna francese e spagnolo.

VOCABULARY

mio marito	my husband
invece	instead
imparare	to learn
la famiglia	family
la segretaria	secretary
il medico	doctor
lo psicologo	psychologist
viaggiare	to travel
molto	a lot
l'insegnante (m/f)	teacher
insegnare	to teach

⊘ Nouns and gender

In Italian nouns are either masculine or feminine. Nouns ending in **-o** are usually masculine (**libro** 'book', etc.) and nouns ending in **-a** are usually feminine (**camera** 'room', etc.). Nouns ending in **-e** can be either masculine (such as **latte** 'milk') or feminine (such as **stazione** 'station'): it is best to learn these nouns with the appropriate definite article (see below).

There are also a small number of nouns (brought into Italian from English) which end in a consonant. These are masculine.

il poster   lo sport   il film   il bar

⊘ The definite article (singular)

The words for 'the' also have different forms for masculine and feminine.

With masculine nouns beginning with:

most consonants	**il**	**il** treno ('train'), **il** telefono (telephone)
a, e, i, o, u	**l'**	**l'**ufficio (office), **l'**aereo (aeroplane)
s+consonant, z, gn, ps	**lo**	**lo** sciopero (strike), **lo** zoo (zoo)

With feminine nouns beginning with:

any consonant	**la**	**la** camera, **la** professione (profession)
a, e, i, o, u	**l'**	**l'**arancia (orange), **l'**acqua (water)

⊘ *per* with nouns and infinitives

The preposition **per** means 'for' when followed by a noun and '(in order) to' when followed by the infinitive.

Sono qui **per lavoro/per lavorare**. I am here for work/to work.

⊘ Saying what your job is

There are two ways of saying what you do: (a) **fare** + the definite article (b) **essere** + no article.

Faccio l'insegnante. I'm a teacher.   **Sono insegnante.** I'm a teacher.

ACTIVITY 8

Place the correct definite article in front of the following nouns.

1	____ professione	6	____ insegnante
2	____ telefono	7	____ stazione
3	____ studente	8	____ lavoro
4	____ aereo	9	____ camera
5	____ acqua	10	____ latte

Now do activities 9 and 10 on the recording.

2.3 I take the bus

Prendo l'autobus

ACTIVITY 11 is on the recording.

ACTIVITY 12

Complete the sentences with the correct ending.

1 Filippo la mattina   a scendono a Catania.
2 'La Pergola'   b prendono lo stesso autobus.
3 Mario e Filippo   c prende il treno.
4 Francesca e Paola la mattina   d è a Taormina.

DIALOGUE 3

○ Mario!!! Anche tu prendi questo treno la mattina?

■ Ciao, Filippo! No, prendo l'autobus, ma oggi c'è sciopero! Tu e Francesca, come state?

○ Stiamo abbastanza bene. Francesca incontra Paola ogni mattina, prendono lo stesso autobus.

■ Cosa fate domani?

○ Mah, non so perché?

■ Conoscete il ristorante 'La Pergola'?

○ A Taormina? Sì, perché?

■ Pranziamo lì domani? Paola conosce il proprietario.

○ Va bene. Ecco Catania, scendo qui. … Allora a domani.

■ Ciao, a domani!

VOCABULARY	
prendere	to take, to catch (also to have)
questo/a	this
la mattina	morning
l'autobus (m)	bus
c'è	there is
lo sciopero	strike
incontrare	to meet
ogni	every
lo stesso	the same
non so	I don't know
conoscere	to know [a person or place]
pranzare	to have lunch
il proprietario	owner
scendere	to get off, to get out

✓ Regular verbs in -ere

The second group of Italian regular verbs ends in **-ere**.
prendere – to take

(io)	**prendo**	(noi)	**prendiamo**
(tu)	**prendi**	(voi)	**prendete**
(lui/lei; lei)	**prende**	(loro)	**prendono**

Other useful verbs ending in **-ere** include: **leggere** ('to read'), **vedere** ('to see'), **scrivere** ('to write'), **accendere** ('to switch on'), **vivere** ('to live').

Leggo il giornale ogni mattina. I read the newspaper every morning.
Accende la radio. She switches the radio on.

✓ Professions

A few of the more common professions are listed below. Note that some have a separate masculine and feminine form: a few rules are outlined here as a guide, but you'll find this covered comprehensively in a good dictionary.

Professions ending in **-ore** generally change to **-rice** in the feminine: **l'attore / l'attrice** (actor), **l'autore / l'autrice** (author), **il direttore /la direttrice** (director), **lo scrittore / la scrittrice** (writer), etc.

Professions ending in **-ere** generally change to **-era** in the feminine: **il cameriere / la cameriera** (waiter/waitress), **il ragioniere / la ragioniera** (accountant), **l'infermiere / l'infermiera** (nurse), etc.

Some professions are invariable: **l'avvocato** (lawyer), **l'insegnante** (teacher), etc.
Some are invariable but change article: **il/la giornalista** (journalist), **il/la dentista** (dentist), **il/la cantante** (singer), etc.

ACTIVITY 13

Complete the text using the following words.

> **abita, c'è, fa, pranzano, lavora, prende, prendono**

Angela _____ a Venezia ma _____ a
Treviso e _____ il treno ogni mattina per andare a
lavorare. Oggi però _____ sciopero e lei e Olivia
_____ la macchina per arrivare a Treviso. Olivia
_____ l'insegnante. Di solito lei e Angela
_____ insieme, al bar 'Da Mario'.

 Now do activities 14 and 15 on the recording.

(2.4) Job adverts

Inserzioni di lavoro

A

RISTORANTE/BAR RIMINI CENTRO

Cerca
CUOCO/A
per l'estate

B

NEGOZIO D'ALTA MODA

Cerca
COMMESSO/A

C

OSPEDALE A FIRENZE

Cerca
INFERMIERE/A
con esperienza

D

DITTA TEDESCA

Cerca
CAMERIERE/A
per gelateria in Austria

E

SCUOLA PRIVATA A MILANO

Cerca
INSEGNANTE
MADRELINGUA
per corsi di lingua
inglese

F

BANCA A VERONA

cerca
IMPIEGATO/A
con esperienza di
lavoro in banca

il cuoco	cook *(m)*
la cuoca	cook *(f)*
l'estate *(f)*	summer
il negozio	shop, store
l'alta moda	fashion
il commesso	sales assistant *(m)*
la commessa	sales assistant *(f)*
la madrelingua	mother tongue
la ditta	company
la gelateria	ice-cream parlour
la scuola	school
privato/a	private
l'ospedale *(m)*	hospital
l'impiegato	clerk *(m)*
l'impiegata	clerk *(f)*
l'esperienza	experience

ACTIVITY 16

Which advert would you reply to if you were:

1 a nurse?
2 a clerk?
3 an English language teacher?
4 a sales assistant?
5 a waiter?
6 a cook?

ACTIVITY 17

Now pair up each profession (1–5) with the appropriate workplace (a–e).

1 cameriere   a scuola
2 commesso   b ospedale
3 insegnante   c negozio
4 infermiere   d ristorante
5 impiegato   e ufficio

ACTIVITY 18

Which of the jobs in the adverts would these people be suitable for?

1 *Giorgio*: è italiano, ma conosce bene il tedesco.
2 *Anthony*: è di Boston, ma abita a Milano.
3 *Ernesto*: è studente, ma fa anche il cuoco. Cerca lavoro per l'estate.
4 *Adele*: lavora in ospedale a Pisa e cerca lavoro a Firenze.

2.5 Un amico di troppo

 ### ALL'UNIVERSITÀ
AT THE UNIVERSITY

Roberto can't get Stefania out of his mind. He's looking for her and is just about to enter one of the lecture rooms when he sees Massimo in the corridor.

davvero?	really?
ero	I was
ieri	yesterday
con	with
vagamente	vaguely
aspettare	to wait
ecco	here is
la lezione	lesson [*here* lecture]
di	of
cominciare	to begin
tra poco	in a little while
però	but
il tempo	time
andare	to go
prendere un caffè	to have coffee
va bene	OK
un attimo	moment
chiedere a	to ask
pronto	hello [*on the phone*]
essere in ritardo	to be late
mi dispiace	I am sorry
rimanere	to stay
possibile	possible

ACTIVITY 19

Listen to the story and say if the following statements are true or false. Correct those which are false.

1 Roberto chiede a Massimo cosa fa.   V / F
2 Massimo studia psicologia.   V / F
3 Massimo aspetta Stefania.   V / F
4 Roberto e Stefania prendono un caffè. V / F
5 Stefania rimane con Roberto.   V / F

ACTIVITY 20

Listen to the story again and answer the following questions.

1 Does Massimo study at the university?
2 Is Roberto about to leave the university?
3 Who suggests going for coffee?
4 Why does Stefania have to go?

STORY TRANSCRIPT

Roberto	Ciao, sono Roberto, ricordi?
Massimo	Eh…no.
Roberto	Ero al bar ieri con Stefania.
Massimo	Davvero? .... Ah, sì, ricordo vagamente.
Roberto	Aspetti Stefania?
Massimo	Sì.
Roberto	Tu cosa fai, studi qui anche tu?
Massimo	No.
Roberto	Allora lavori? Che lavoro fai?
Massimo	Io … ah, ecco Stefania.
Stefania	Ciao, Roberto, come stai? Cosa fai qui?
Roberto	Ciao, sono qui per la lezione di psicologia. Comincia tra poco, però c'è il tempo per andare a prendere un caffè.
Stefania	Un attimo chiedo a Massimo ...
Massimo	Pronto? Ah, buongiorno … , sì, va bene … No, arriviamo subito! Stefania, siamo in ritardo!
Stefania	Roberto, mi dispiace.....
Roberto	Stefania, perché non rimani?
Stefania	No, non è possibile! Ciao, a presto!

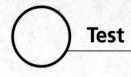

Test

Now it's time to test your progress in Unit 2.

1 Complete the sentences with the correct form of **fare**.

1 Martina, cosa _____ domani?
2 Cosa _____ Carla all'università?
3 'Cosa prepari stasera?' 'Forse _____ la pizza.'
4 '_____ anche voi biologia?' 'No, noi _____ informatica.'
5 Gianluca e Mario invece _____ legge.

6

2 Read this note that your new boss has left you to remind you of the things you have to do. Fill in the blanks with the appropriate definite article.

> 1 comprare _____ giornale
> 2 accendere _____ computer
> 3 vedere _____ ragioniera
> 4 chiamare Anna, _____ babysitter di Pierino
> 5 preparare _____ caffè
> 6 mandare (*to send*) _____ posta
>
> NON DISTURBARE!!

6

3 Complete the sentences using the appropriate form of the relevant verb.

> lavorare   fare   guardare   giocare
> leggere   prendere   ritornare   vedere

1 Danielle ora abita a Trieste ma forse _____ in Francia.
2 Loro _____ il giornale in ufficio.
3 L'infermiera _____ in ospedale.
4 Marianna e io _____ l'autobus ogni mattina.
5 (voi) _____ il dolce (*dessert*) per Cristina?

6 Io _____ Gastone ogni giorno (*day*).
7 Loro _____ spesso la televisione.
8 Fabio _____ a calcio.

4 Match each sentence 1–5 with the correct translation
   from a–e.

1 Today there's a strike.   a Prendono lo stesso
                                        autobus.
2 What do you do?   b Faccio lo psicologo.
3 They take the same bus.   c Oggi c'è sciopero.
4 I am a psychologist.   d Scendo qui.
5 I get off here.   e Che lavoro fate?

5 What are the professions of the following famous people?

1 Tony Blair   a attore
2 Sofia Loren   b calciatore
3 Shakespeare   c politico
4 Ronaldo   d cantante
5 Madonna   e scrittore
6 Michael Douglas   f attrice

6 Put each noun in the correct column and add the correct
   form of the definite article.

**commesso scrittrice direttore infermiere
impiegata autore cameriere cuoca**

Masculine	Feminine

TOTAL SCORE 39

If you scored less than 29, go through the dialogues and the
Language building sections again before completing the
Summary on page 28.

Summary 2

 Now try this final test summarizing the main points covered in this unit. You can check your answers on the recording.

How would you:
1 ask a friend what he does?
2 ask two friends what they do?
3 say that you do medicine?
4 say that you're a teacher?
5 say that he's a psychologist?
6 ask a fellow passenger if she's getting off in Milan?
7 say 'we know the restaurant "Da Mario"'?
8 ask some friends if they get this train every morning?

REVISION

Before moving to Unit 3, play Unit 2 again. Then think of the jobs that your family and friends do, and practise answering the questions **Cosa fa?/Cosa fai?** by saying what their professions are. Use your dictionary to find out what the jobs are in Italian, and how they change according to gender. This is a useful method of extending your vocabulary of jobs and professions.

Do you have any children?
Ha figli?

OBJECTIVES

In this unit you'll learn how to:

✓ talk about family

✓ give your age and ask other people their age

✓ ask people what they do in their free time

And cover the following grammar and language:

✓ numbers up to 100

✓ the verb **avere** ('to have')

✓ the plural forms of the definite article

✓ the plural forms of nouns

✓ adjectives, possessives

✓ the question word **quanto?** ('how much?', 'how many?')

✓ **questo** ('this')

LEARNING ITALIAN 3

Always try listening to the recording several times before looking at the transcript. When you first listen it may feel as though you haven't understood very much, but try doing the activities anyway. The activities are structured to help you to understand the dialogues. Even if you can only guess, write down the answer and maybe later when you progress with the unit, you'll come across the same sentence again and this time you'll understand right away. Guesswork is an important strategy in learning a foreign language, and you'll probably be surprised at how often you are right.

Now start the recording for Unit 3.

(🔊) **ACTIVITY 1** is on the recording.

ACTIVITY 2

	No. of children	No. of boys	No. of girls
Signora Ferrari			
Signora Mariani			
Gino			
Federico			

DIALOGUE 1

○ Signora Ferrari, lei ha figli?

■ Sì, tre: due maschi già sposati e una femmina. E lei?

○ Io ho due figlie sposate. Lei ha già nipoti?

■ Sì. Gino ha due bambine. Lui e la moglie sono insegnanti.

○ E l'altro figlio?

■ Federico ha due figli maschi.

○ E sua figlia è sposata?

■ No, fidanzata. Ora è a San Francisco per lavoro.

○ Ah sì? Quando ritorna?

■ A febbraio, ma domani io e mio marito andiamo in America.

| VOCABULARY |

ha	(you) have [*formal*]; (he/she/it) has
il figlio/la figlia	son/daughter
il maschio	male
la femmina	female
sposato/a	married
già	already
il nipote/la nipote	grandson/daughter [*also* nephew/niece]
il bambino/la bambina	child, boy/girl
la moglie	wife
altro/a	other
il marito	husband
fidanzato/a	engaged
ritornare	to return
febbraio	February

LANGUAGE BUILDING

✓ Numbers 1–10

1 **uno**	3 **tre**	5 **cinque**	7 **sette**	9 **nove**
2 **due**	4 **quattro**	6 **sei**	8 **otto**	10 **dieci**

✓ *avere* ('to have') – irregular verb

(io)	**ho**	(lui/lei; lei)	**ha**	(voi)	**avete**
(tu)	**hai**	(noi)	**abbiamo**	(loro)	**hanno**

✓ The definite article (plural)

	singular	*plural*		*singular*	*plural*
masculine	**il**	**i**	*feminine*	**la/l'**	**le**
	lo/l'	**gli**			

✓ Nouns in the plural

Masculine nouns ending in **-o** take **-i** in the plural. Feminine nouns in **-a** take **-e**. Masculine or feminine nouns in **-e** take **-i**.

Nouns which end in an accented vowel do not change in the plural.

la città – le città (cities); **il caffè – i caffè** (coffees), etc.

Nouns ending in **–co/a** or **–go/a** add an **h** before the **i/e** of the plural.

la discoteca – le discoteche (discos); **l'albergo – gli alberghi** (hotels)

✓ Adjectives

All adjectives agree with the noun they refer to. They end in **-o** or **-e** in the masculine singular and take the same endings as the nouns.

Ivo è **pigro** e **felice**; Isa è **pigra** e **felice**.
Ivo e Max sono **pigri** e **felici**. Isa e Anna sono **pigre** e **felici**.

With masculine and feminine nouns, you need the masculine ending. As for nouns, adjectives ending in **-co** or **-go** add an **h** in the plural.

ricco / ricca – ricchi / ricche (rich)

ACTIVITY 3

Rewrite the following in the plural.
Example: Il cameriere è francese. *I camerieri sono francesi.*

1 La direttrice è intelligente.
2 La ragioniera è in vacanza.
3 L'amico di Riccardo studia informatica.
4 L'insegnante di Nicola abita a Gorizia.

Now do activities 4 and 5 on the recording.

Is this your family?

Questa è la tua famiglia?

ACTIVITY 6 is on the recording.

ACTIVITY 7

1 Did Angelica spend her holiday on her own?
2 Is Gianni married?
3 How old is Angelica?
4 Who is Alberto?

DIALOGUE 1

○ Ciao, Angelica! Hai le fotografie delle tue vacanze a Capri?

■ Sì, ecco. Qui sono in spiaggia. Queste sono le mie amiche.

○ E questa è la tua famiglia?

■ Sì. Questi sono i miei genitori – mio padre ... e mia madre. E questo è mio fratello, Gianni, con sua moglie.

○ E questo chi è?

■ Chi, questo? Oh, è Alberto, il mio ragazzo.

○ Il tuo ragazzo?? È davvero carino!! Quanti anni ha?

■ 28 – ha la mia età. Questi sono i suoi amici.

○ E questi sono i tuoi nonni?

■ Sì, sono piuttosto anziani. Mio nonno ha 84 anni e mia nonna 79.

VOCABULARY	
la fotografia	photograph
le vacanze	holidays, vacation
la spiaggia	beach
le amiche	friends [*female*]
il genitore	parent
il padre	father
la madre	mother
il fratello	brother
il ragazzo	boy, boyfriend
carino/a	handsome, pretty
l'età	age
piuttosto	rather
anziano/a	old
il nonno/la nonna	grandfather/grandmother

LANGUAGE BUILDING

✓ Numbers (2)

11 **undici**	18 **diciotto**	25 **venticinque**	50 **cinquanta**
12 **dodici**	19 **diciannove**	26 **ventisei**	60 **sessanta**
13 **tredici**	20 **venti**	27 **ventisette**	70 **settanta**
14 **quattordici**	21 **ventuno**	28 **ventotto**	80 **ottanta**
15 **quindici**	22 **ventidue**	29 **ventinove**	90 **novanta**
16 **sedici**	23 **ventitre**	30 **trenta**	100 **cento**
17 **diciassette**	24 **ventiquattro**	40 **quaranta**	

✓ Possessive adjectives (1)

In Italian, the possessive adjective agrees in gender and number with what is possessed and not with the possessor.

il lavoro di Giovanni/di Giovanna – **il suo lavoro** (his/her job)
la casa di Giovanni/di Giovanna – **la sua casa** (his/her house)

It is preceded by the definite article, except when it refers to a single family member.

mio zio – my uncle   **i miei** cugini – my cousins
tua suocera – your mother-in-law   **le tue** sorelle – your sisters
sua zia – his/her aunt **i suoi** cognati – his/her brothers-in-law

mamma ('mum') and **papà** ('dad') are exceptions: **la mia mamma, il mio papà**.

		masc.	fem.		masc.	fem.
my	*sing.*	il mio	la mia	*pl.*	i miei	le mie
your [*inf.*]		il tuo	la tua		i tuoi	le tue
his/her; your [*for.*]		il suo	la sua		i suoi	le sue

✓ *quanto*? 'how much?'

quanto (**quanta/quanti/quante**), meaning 'how much?' or 'how many?', agrees in gender and number with the noun it accompanies.

Quanto tempo abbiamo? How much time do we have?
Quanti anni hai? How old are you?
Quante lingue parli? How many languages do you speak?

✓ *questo/a/i/e* ('this')

questo ('this') has the same forms as other adjectives ending in **-o**.

ACTIVITY 8

Complete the sentence with the correct possessive form.

1 Sono _____ nonni. (my)
2 È _____ computer. (your *informal sing.*)
3 Sono _____ moglie. (his)
4 È _____ ristorante? (your *formal sing.*)
5 È _____ casa? (her)

Now do activities 9 and 10 on the recording.

What is your favourite hobby?
Qual è il vostro passatempo preferito?

ACTIVITY 11 is on the recording.

ACTIVITY 12

Correct the statements which are false.

1	Marina spends a lot of time at the gym.	V / F
2	Gino is very lazy.	V / F
3	Gino spends his weekends in the mountains.	V / F
4	Fabio has a tennis court.	V / F

DIALOGUE 3

○ Cosa fate nel tempo libero? Qual è il vostro passatempo preferito?

■ Io faccio molto sport. Passo molto tempo in palestra.

○ E tu, Fabio, cosa fai?

▼ I miei amici Enzo e Enrico hanno un campo da tennis. Spesso i loro genitori non sono a casa e la casa è libera, così giochiamo a tennis. E tu, Gino?

○ Oh, sono molto pigro! Abbiamo una casa in campagna, e spesso passiamo i fine settimana lì con i nostri amici.

VOCABULARY

libero/a	free
qual è?	which is?
il passatempo	hobby
preferito/a	favourite
lo sport (*m*)	sport
passare	to spend [*time*]
la palestra	gym
il campo da tennis	tennis-court
invitare	to invite
il fine settimana	weekend
la campagna	countryside

✓ Possessive adjectives (2)

English		masculine	feminine
our	*singular*	il nostro	la nostra
your		il vostro	la vostra
their		il loro	la loro

		masculine	feminine
	plural	i nostri	le nostre
		i vostri	le vostre
		i loro	le loro

La nostra amica si chiama Caterina. Our friend is called Caterina.
Vostro cugino vive in Australia. Your cousin lives in Australia.
I nostri parenti abitano a Milano. Our relatives live in Milan.
Le vostre amiche sono in palestra. Your friends are in the gym.
Il vostro vicino è noioso. Your neighbour is boring.
La nostra casa è in campagna. Our house is in the country.

loro does not change form and it is always preceded by the article,
even when it refers to a family member.

Il loro ufficio è in centro. Their office is in the city centre.
La loro zia lavora in banca. Their aunt works in a bank.

ACTIVITY 13

Complete the following exercise with the correct form of
the verb **avere**.

Mi chiamo Federica, sono italiana e _____ 19 anni. Abito
a Verona con la mia famiglia. Mia sorella si chiama Amelia,
_____ 22 anni. Io e Amelia _____ molti amici a
Verona, ma siamo di Milano. I nostri nonni, i genitori di
mia madre, abitano a Venezia. Lì abitano anche i miei zii. I
miei zii non _____ figli.

ACTIVITY 14

Fill in the gaps with the correct form of **nostro** or **vostro**,
including the article as appropriate.

- Qual è (1) _____ città preferita?
- * (2) _____ città preferita è New York. Passiamo le
  vacanze di Natale lì, perché (3) _____ nonni abitano a
  New York. E voi, quale città preferite?
- Venezia. Quando abbiamo tempo io e mia moglie
  passiamo lì i fine settimana, con (4) _____ due figlie.

🔊 Now do activities 15 and 16 on the recording.　　**35**

3.4 The Italian family

La famiglia italiana

Family life in Italy is changing rapidly, even if it is still far from experiencing the crisis experienced in other countries. The number of divorces (**divorzi**) and separations (**separazioni**) is growing, while the number of marriages (**matrimoni**) has decreased, and the birth rate (**il tasso di natalità**) is one of the lowest in the world.

ACTIVITY 17

Read this letter a teenager has sent her friend, in which she complains about her holidays with her family. **Vero o falso?** Correct the statements which are false.

1 Irene is very bored.   V / F
2 Federica is Irene's sister.   V / F
3 Federica is on holiday with her brothers.   V / F
4 Franco and Gianni are going to stay in the
  mountains for two months.   V / F
5 Davide is married.   V / F

Cortina d'Ampezzo, 10 luglio

Cara Giulia,

Sono qui in montagna con i miei genitori e i miei nonni. Che noia!!! Cosa fai tu in città? Hai novità? Vedi spesso i nostri amici? Cosa fate di bello? Qui non c'è molto da fare, passo quasi ogni sera con Federica, la ragazza che abita accanto. È molto simpatica e allegra. È di Arezzo, ha 16 anni. Anche lei è qui con i suoi genitori e si annoia molto. I miei fratelli non ci sono. Davide è al mare con la sua ragazza e con i loro amici – beato lui! Domani arriva mio fratello Gianni con Franco, ma purtroppo restano solo per tre giorni perché hanno un esame difficile tra due mesi.

Come va con il tuo nuovo ragazzo? Avete progetti interessanti per agosto? Io sono stufa di passare le vacanze con i miei!

Baci
A presto
Ciao
Irene

CULTURE

luglio	July
caro/a	dear
la montagna	mountain
che noia!	what a bore!
la novità	piece of news
vedere	to see
cosa fate di bello?	are you doing anything nice?
quasi	almost
ogni	every
accanto	next door
simpatico/a	nice
allegro/a	cheerful
annoiarsi	to be bored
non ci sono	are not here
il mare	sea, seaside
beato lui!	lucky him!
il mese	month
i progetti	plans
agosto	August
essere stufo/a di	to be fed up with
i miei (genitori)	my parents
il bacio	kiss

ACTIVITY 18

Fill in the blanks in the following letter with the appropriate word from the box.

> a presto   bella   caro   discoteche   fai
> giorni   hai   il mio   la mia   la tua   sono

Rimini, 14 agosto

(1) _____ Lucio,

(2) _____ a Rimini con (3) _____ famiglia.
Qui c'è molto da fare – la spiaggia è molto (4) _____
e ci sono molte (5) _____ e molti bar.

Domani arriva (6) _____ ragazzo, e rimane qui quindici
(7) _____

Cosa (8) _____ in città? (9) _____ novità?
Come va con (10) _____ ragazza?

Baci
(11) _____

Ciao
Miriam

3.5 Un amico di troppo

UN INVITO
AN INVITATION

Roberto is leaving the local delicatessen to go home when he meets Stefania.

solo/a	alone
non importa	it doesn't matter
avere fretta	to be in a hurry
la fretta	hurry
l'appuntamento	appointment
tra un po'	in a while
avere ragione	to be right
sempre	always
piccolo/a	small
il/la manager	manager
è morto	he died
morto/a	dead
fa	ago
sembrare	to seem
più	more
giovane	young
verso	around, approximately
vieni (venire)	you come (to come)
con calma	unhurriedly (*also* quietly)

ACTIVITY 19

Listen to the story and say if the following statements are true or false. Correct those which are false.

1	Roberto has a nephew.	V / F
2	Roberto's grandmother lives on her own.	V / F
3	Stefania's father goes often to Rome.	V / F
4	Stefania's brother is married.	V / F
5	Stefania's parents live in Venice.	V / F
6	Stefania and Roberto will meet after lunch tomorrow.	V / F

ACTIVITY 20

Listen to the story again and decide: Roberto, Giulia, or Stefania?

Chi ...

1 ... ha un bambino piccolo?
2 ... ha un fratello?
3 ... ha una sorella?
4 ... ha un appuntamento?
5 ... ha una nonna di quasi 90 anni?

STORY TRANSCRIPT

Roberto	Ciao, Stefania! Come stai? Sei sola?
Stefania	Sì. Roberto, mi dispiace per l'altro giorno ...
Roberto	Oh, non importa. Hai fretta?
Stefania	Ho un appuntamento tra un po'...
Roberto	Ma allora ho ragione, hai sempre fretta.... Stefania, ma Massimo è tuo fratello o è il tuo ragazzo?
Stefania	No, è un amico di famiglia ... E tu hai fratelli o sorelle?
Roberto	Ho una sorella, Giulia. È sposata e ha un bambino piccolo – si chiama Giacomo. Mia madre è una manager, mio padre è medico. Mio nonno è morto due anni fa e ora mia nonna vive a casa nostra. Ha quasi 90 anni, ma sembra molto più giovane! E tu invece?
Stefania	Io sono qui da cinque mesi con i miei genitori, ma i miei parenti abitano a Venezia. Ho un fratello divorziato, che vive a Londra.
Roberto	Tuo padre cosa fa?
Stefania	Mio padre? È un po' complicato ... Lavora qui, ma spesso è a Roma per lavoro ...
Roberto	Ah, sì? Ma che lavoro fa?
Stefania	Beh, è un ... Ma tu conosci Roma?
Roberto	Sì. Mio zio abita a Roma. ... Perché non andiamo al bar e parliamo?
Stefania	È già tardi. Io domani sono all'università. Vieni al bar verso le undici, va bene? Così parliamo con calma.
Roberto	D'accordo. A domani allora. Ciao.

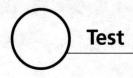

Test

Now it's time to test your progress in Unit 3.

1 Complete the text with the appropriate possessive adjectives.

> **i miei   i miei   il suo   i suoi   mia   mio   nostro   sua**

Mi chiamo Federica. (1) _____ genitori sono di Ancona, ma ora vivono a Perugia. Io abito a Trieste con (2) _____ marito Claudio e (3) _____ figlio. Ho una sorella, si chiama Adriana. Lei e (4) _____ ragazzo studiano legge a Roma. Anche i fratelli di (5) _____ madre, (6) _____ zii Luigi e Alberto, abitano a Trieste così spesso passiamo i fine settimana insieme. Luigi è sposato, (7) _____ moglie è tedesca, di Bonn, Alberto invece è divorziato, (8) _____ figli vivono a Venezia con la madre.

8

2 Complete the table with the correct form of the adjectives.

	pigro	*interessante*	*noioso*	*divertente*
Mio fratello è	pigro			
Mia suocera è		interessante	noiosa	
Le mie sorelle sono			noiose	divertenti
I miei cugini sono				divertenti

10

3 Complete the sentences by supplying the correct ending for the adjectives.

1 I fratelli di Carla sono interessant___.
2 Marina e Teresa sono due ragazz___ curios___.
3 Gli amici di Adriano sono simpatic___.
4 Brigitte Bardot e Catherine Deneuve sono frances___.
5 Michelangelo e Leonardo da Vinci sono italian___.
6 Il mio lavoro? È molto interessant___ !
7 Marco è pigro___.

8 Questa lezione è davvero noios___ !
9 Il russo e il tedesco sono due lingue difficil___ .
10 La tua bicicletta è nuov___ ?

4 Match the following numbers.

5 sedici	67 cinquantaquattro
11 cinque	76 settantasei
54 quindici	15 dodici
16 undici	12 sessantasette

5 Match each question from 1–5 with the correct answer from a–e.

1	Quanti anni avete?	a	Cinque, due cugine e tre cugini.
2	Sono questi i vostri genitori?	b	No, ma conosciamo i loro amici.
3	Conoscete Marina e Giacomo?	c	Abbiamo 30 anni.
4	Tuo fratello è fidanzato?	d	No, non sono i nostri, sono i loro.
5	Quanti cugini avete?	e	No, è sposato.

ACTIVITY 19

Pair up the adjectives 1–5 with the correct translation from a–e.

1	bello	a	fed up
2	noioso	b	cheerful
3	stufo	c	nice
4	simpatico	d	boring
5	allegro	e	beautiful

If you scored less than 36 go through the dialogues and the Language building sections again before completing the summary on page 42.

Summary 3

 Now try this final test summarizing the main points covered in this unit. You can check your answers on the recording.

How would you:
1 count up to 10?
2 ask someone you don't know well his age?
3 say that you have two brothers and one sister?
4 say that your brothers-in-law are boring?
5 ask your friends what their favourite hobby is?
6 ask your neighbour if she has any grandchildren?
7 say 'we have no children'?
8 say that their family is from Genova?

REVISION

To practise talking about your family, make a list of family members and say as much as you can about them. Use questions such as **È sposato/a? Ha figli? Quanti anni ha?** for each person. You can also revise what you learnt in Unit 2 and say what job each of them does. You won't find all the vocabulary you need there, so use a dictionary for any new words you need to find out.

Review 1

There are four Review sections in the course. These consist of
activities which will test you on the language introduced up to
that point. Answers to the activities can be found in the Answer
section on page 213.

VOCABULARY

1 What is the relation of the following people to you?

1 la sorella di tua madre
  a la cugina   b la suocera   c la zia
2 la figlia di tuo zio
  a la cugina   b la nipote   c la sorella
3 il padre di tua moglie
  a lo zio   b il suocero   c il nonno
4 la madre di tua madre
  a il genitore   b la nonna   c la suocera

2 Match the questions 1–6 with the correct answer from a–f.

1 Quanti anni hai, Lisa?	a	Studiamo medicina.
2 Cosa fa tuo fratello?	b	Forse tra quindici giorni.
3 Conosci i genitori di Laura?	c	Ho 25 anni.
4 Come passi il tuo tempo libero?	d	Fa il medico.
5 Cosa studiate all'università?	e	Faccio molto sport.
6 Quando tornano a casa?	f	Sì, sono davvero simpatici.

GRAMMAR AND USAGE

3 Complete the sentences with the correct form of the
article: **il, lo, l', or la.**

1 Chi è _____ insegnante di Maria?
2 Prendete _____ macchina per andare in centro?
3 No, prendiamo _____ treno.
4 Mio marito fa _____ scultore.
5 _____ amico di Osvaldo gioca spesso a tennis.

4 Complete the sentences with the correct form of the article: **gli**, **i**, or **le**.

1 Come passate _____ vacanze?
2 _____ amici di Claudio sono francesi.
3 _____ suoi amici sono giapponesi.
4 _____ miei suoceri arrivano fra tre giorni.
5 Non trovo _____ occhiali.

5 Complete the sentences by matching 1–5 with the appropriate noun from a–e.

1 Sono i suoi   a zio.
2 Sono le mie   b amica.
3 È mio   c cognate.
4 È la mia   d sorella.
5 È mia   e amici.

6 Complete the text with the appropriate form of **essere** or **avere**.

Io e Mario, il mio ragazzo, (1) _____ 17 anni. Lui
(2) _____ due fratelli gemelli, Gianluca e Leonardo.
Gianluca e Leonardo (3) _____ 24 anni e
(4) _____ amici di mia sorella Arabella. Arabella ed
io (5) _____ molto diverse: lei (6) _____
estroversa ed io (7) _____ introversa e timida.

7 Complete the text with the appropriate form of the verb.

Io (1 **abitare**) _____ in centro a Milano. A Milano
(2 **avere**) _____ un lavoro, (3 **fare**) _____ la
commessa, ma la sera (4 **studiare**) _____
informatica in una scuola serale. Quando io (5 **avere**)
_____ tempo libero, (6 **giocare**) _____ a tennis,
(7 **leggere**) _____ o (8 **fare**) _____ una
passeggiata con le mie amiche. Io (9 **vedere**) _____
il mio ragazzo, Marco, solo i fine settimana, perché lui
(10 **vivere**) _____ a Venezia con la sua famiglia.
Marco (11 **fare**) _____ l'infermiere.

8 Complete the questions using the correct form of **quanto**.

1 _____ anni hai?
2 _____ giorni rimani in Italia?
3 _____ stazioni ci sono a Parigi?
4 _____ parole (*words*) conosci in italiano?

9 Caterina and Teresa are deciding how to spend their evening. **Vero o falso?** Correct the statements which are false.

1 Teresa and Caterina are going to eat in. V / F
2 Giuliano is Amelia's boyfriend. V / F
3 Fabio is Amelia's brother. V / F
4 Fabio is Teresa's sister's boyfriend. V / F

10 You're watching TV and your favourite actor Emilio Freddi is talking about himself. Listen and answer these questions.

1 Who is older, Emilio or Grazia?
2 What is Emilio's other profession?
3 What is his girlfriend's profession?
4 Who is in Australia?

 SPEAKING

11 Supply the correct question for each of the following answers using the informal. First of all write the questions down; then try to do the activity using only the recording, without looking at your notes.

1 Ho 35 anni.
2 Faccio il cantante.
3 Sono di Bologna.
4 Torniamo a casa tra 7 giorni.
5 Abitano in Spagna.
6 Ho due maschi.

12 Your boss's daughter is doing some market research as part of her university course and you've agreed to answer some questions. These are the topics on which she will interview you, but not in the order you'll hear on the recording. Prepare the questions before you start listening.

– your profession
– if you have children
– your name
– if you have a car
– where you spend your holiday
– where you are from

▷ ▷ ▷ ▷ ▷ ▷ ▷ ▷ ▷ ▷ ▷ ▷ ▷ ▷

I'd like a coffee
Vorrei un caffè

OBJECTIVES

In this unit you'll learn how to:

- ✓ make suggestions
- ✓ order in a bar
- ✓ understand prices

And cover the following grammar and language:

- ✓ regular verbs in **-ire**, including **preferire** ('to prefer')
- ✓ the indefinite article
- ✓ numbers from 100
- ✓ expressions with **avere**
- ✓ **tutto** ('all, every')
- ✓ the irregular verb **andare** ('to go')
- ✓ **mi piace** / **mi piacciono** ('I like')
- ✓ the irregular verb **venire** ('to come')

LEARNING ITALIAN 4

At this point you may feel a little confused about the different endings of nouns and adjectives. Don't worry: throughout the course you'll have plenty of opportunity to practise them. The more Italian you listen to the more you'll get them right. In each unit, master the key phrases – the ones that are most important to you. Record yourself repeating these phrases, so that you can play back the cassette and listen to make sure that you're getting them right. Remember that even if you do make errors when you're speaking, people will still understand what you mean.

Now start the recording for Unit 4.

Quant'è?

 ACTIVITY 1 is on the recording.

ACTIVITY 2

Who is having what?

	coffee	toasted sandwich	water	coke
Debora				
Franco				

DIALOGUE 1

○ Allora, Debora, quanto tempo rimani qui a Firenze?

■ Cinque giorni, poi parto per Parigi.

▼ Cosa prendete?

○ Io prendo un'acqua minerale.

■ Io vorrei un toast e un caffè.

▼ Va bene. Allora un toast, un caffè e un'acqua minerale.

○ E una coca-cola, per piacere. Allora, Parigi! Con chi parti?

■ Con il mio ragazzo, Pietro. Partiamo da Milano.

○ E dove dormi, in albergo?

■ A casa di Pietro.

▼ Ecco l'acqua, il caffè, il toast e la coca cola.

○ Grazie. Quant'è?

▼ Sette euro e venti centesimi. Ecco lo scontrino. Pagate alla cassa.

VOCABULARY

partire	to leave
l'acqua minerale	mineral water
il toast	toasted sandwich
vorrei	I'd like
da	from
dormire	to sleep
per piacere	please
l'albergo (m)	hotel
quant'è?	how much is it?
lo scontrino	receipt
pagare	to pay
la cassa	till, cash register

✓ Regular verbs in -*ire* (1)

The third group of Italian regular verbs end in -**ire**.
partire – to leave

(io)	**part*o***	(noi)	**part*iamo***
(tu)	**part*i***	(voi)	**part*ite***
(lui/lei; lei)	**part*e***	(loro)	**part*ono***

Other useful verbs ending in -**ire** include: **servire** ('to serve'), **seguire** ('to follow'), **sentire** ('to hear'), **aprire** ('to open').

✓ The indefinite article

The words for 'a'/'an' have different forms for masculine and feminine.

With masculine nouns
beginning with

most consonants / a, e, i, o, u	**un**	**un** succo d'arancia (orange juice)
gn, **ps**, **z**, **s**+consonant	**uno**	**uno** spuntino (snack)

With feminine nouns
beginning with

any consonant	**una**	**una** birra (beer)
a, e, i, o, u	**un'**	**un'**acqua minerale (mineral water)

✓ Numbers (3)

100 **cento**	1000 **mille**	1.000.000 **un milione**
200 **duecento**	2000 **duemila**	2.000.000 **due milioni**
305 **trecentocinque**	3000 **tremila**	1.000.000.000 **un miliardo**

ACTIVITY 3

Complete the dialogue with the correct form of the indefinite article: **un**, **uno**, **una**, or **un'**.

- Facciamo _____ spuntino?
- * Va bene. Cosa prendiamo?
- Io vorrei _____ toast e _____ succo d'arancia.
- * Io prendo _____ acqua minerale e _____ pasta al cioccolato.

 Now do activities 4 and 5 on the recording.

4.2 Shall we go into this bar?
Andiamo in questo bar?

ACTIVITY 6 is on the recording.

ACTIVITY 7

Which of the following sentences appear in Italian in the dialogue?

1 What are you doing tonight?
2 I'll have a coke.
3 Here's the price list.
4 What shall we have?
5 I prefer a beer.
6 Where are you going?

DIALOGUE 2

○ Prendiamo qualcosa, Giulia?
■ Sì, ho fame. Andiamo in questo bar? Fanno panini molto buoni. …
○ Va bene questo tavolo?
■ Sì. Ecco il listino prezzi. Cosa prendiamo?
○ Per me una birra alla spina. Prendi una birra anche tu?
■ No, preferisco un succo di frutta … e un panino. Allora, cosa fai stasera, Tina?
○ Vado in discoteca con Max. Tu dove vai?
■ Vado a una cena di lavoro. In quale discoteca andate?
○ Club 2001. Se finisci presto …
■ Purtroppo sono impegnata tutta la sera.

VOCABULARY	
avere fame	to be hungry
il panino	sandwich, roll
buono/a	good
il tavolo	table
il listino prezzi	price list
la birra alla spina	draught beer
preferire (-isc-)	to prefer
il succo di frutta	fruit juice
stasera	tonight
la cena	dinner
quale?	which?
se	if
finire (-isc-)	to finish
impegnato/a	busy

✓ *andare* ('to go') – irregular verb

(io)	**vado**	(noi)	**andiamo**
(tu)	**vai**	(voi)	**andate**
(lui/lei; lei)	**va**	(loro)	**vanno**

✓ Regular verbs in -*ire* (2)

A group of verbs ending in -*ire* like **capire** (to understand) and **finire** (to finish) add the suffix -**isc** to the verb stem in the singular and with **loro**.

preferire – to prefer

(io)	**prefer*isc*o**	(noi)	**preferiamo**
(tu)	**prefer*isc*i**	(voi)	**preferite**
(lui/lei; lei)	**prefer*isc*e**	(loro)	**prefer*isc*ono**

Finisco il mese prossimo. I'll finish next month.
Capisci? Do you understand?

✓ Expressions with *avere*

The verb **avere** is used in a range of expressions translated with the verb 'to be' in English.

avere paura	to be scared	**avere sonno**	to be sleepy
avere sete	to be thirsty	**avere torto**	to be wrong

✓ *tutto/a/i/e*

tutto is like an adjective ending in -**o**, but in the singular it means 'all' and in the plural 'all' or 'every'. It is followed by the definite article.

Sono libera **tutto il** giorno. I'm free all day.
Non conosco **tutti i** bar a Roma. I don't know all bars in Rome.

To say 'both', 'all three', etc., you'd use **tutti/e e** followed by a number.

tutti e due gli uomini – both men
tutte e tre le donne – all three women

ACTIVITY 8

Complete the questions by matching 1–6 with the appropriate ending from a–f.

1	Preferite un cappuccino	a	per la Grecia?
2	Tra quanto	b	o un caffè?
3	Dove vanno	c	finisci?
4	Quando parte Lucio	d	stasera?
5	Avete	e	o a teatro?
6	Andiamo in discoteca	f	un listino prezzi?

🎧 Now do activities 9 and 10 on the recording.

4.3 I don't like Eva's friends

Non mi piacciono gli amici di Eva

ACTIVITY 11 is on the recording.

ACTIVITY 12

Correct the sentences which are false.

1 Patrizia is having a party.	V / F
2 Giorgio doesn't like Eva's friends.	V / F
3 Giorgio doesn't like Patrizia.	V / F
4 Giorgio goes to the party.	V / F

DIALOGUE 2

○ Allora, Giorgio, vieni a casa di Eva stasera?

■ E perché?

○ Come perché? Fa una festa.

■ Chi viene?

○ Mah, sempre la solita gente …

■ Che noia! Non mi piacciono gli amici di Eva.

○ Vengono anche Giovanna e Patrizia.

■ Patrizia? Allora forse vengo …

○ Ti piace veramente Patrizia?

■ Ma no …

○ Ma se parli sempre di lei …

○/■ Ciao, Eva!! Come stai?

▼ Ciao, entrate! Allora, se vi piacciono le pizzette, sono lì. I panini arrivano tra poco. Da bere ci sono bibite e lì i cocktail.

○ Grazie mille.

VOCABULARY

a casa di Eva	to/at Eva's (house)
la festa	party
solito/a	usual
la gente	people
piacere	to like
veramente	really, truly
parlare di	to talk about
le pizzette	mini-pizzas
da bere	to drink
grazie mille	many thanks
la bibita	drink

✓ mi piace ('I like') - indirect pronouns (1)

To say you *like something*, you use the structure **mi piace**, more than one thing **mi piacciono**.

Mi piace/non mi piace molto il vino. I like/I don't like wine very much.
Non **mi** piacciono i dolci. I don't like cakes.

Piace/piacciono don't change throughout. Only the pronoun (indirect object) changes.

mi piace/piacciono	I like	*ci* piace/piacciono	we like
ti piace/piacciono	you like	*vi* piace/piacciono	you like
gli piace/piacciono	he likes	*gli* piace/piacciono	they like
le piace/piacciono	she likes; you like [*formal*]		

Vi piacciono questi occhiali? Do you like these glasses?
Gli piace Patrizia. He likes/they like Patrizia.

gli ('they') is used mostly in spoken Italian. The written form is **a loro**.

When you refer to someone by name, you use **a** before the name.
A Patrizia piace il vino. Patrizia likes the wine.

To say you *like doing something*, you use **piace** + the infinitive (with the appropriate pronoun).

Mi piace bere il caffè dopo pranzo. I like drinking coffee after lunch.
Non **ci piace guardare** i film d'azione. We don't like watching action films.

✓ *venire* ('to come') – irregular verb

(io)	**vengo**	(noi)	**veniamo**
(tu)	**vieni**	(voi)	**venite**
(lui/lei; lei)	**viene**	(loro)	**vengono**

Vengo con te a teatro domenica. I'm coming with you to the theatre on Sunday.
No, **viene** solo mia sorella. No, only my sister is coming.
Venite domenica? Sì, **veniamo**. Are you coming on Sunday? Yes, we are.

ACTIVITY 13

Fill in the blanks with the appropriate form of **piacere**.

1 Non vi _____ gli spaghetti?
2 Ti _____ le pizzette?
3 Le _____ mangiare al ristorante.
4 Non ci _____ la birra.
5 Gli _____ giocare a tennis.

 Now do activities 14 and 15 on the recording.

4.4 Eating out

A mangiar fuori

CULTURE

Other places where Italian people meet up to socialize are **la gelateria** (ice-cream parlour), **la paninoteca** (sandwich bar), **la birreria** (bar specializing in beers), and **la pasticceria** (cake shop specializing in **paste** – cakes).

Mille Birre
Birreria e Paninoteca

	€
caffè	1.03
cappuccino	1.81
cioccolata	1.96
cioccolata con panna	2.32
toast	2.58
panino con il salame	2.84
panino con il prosciutto	3.10
patatine fritte	3.10
birra alla spina	2.32
tè	1.55
succo di frutta	2.07
Martini	3.00
vino bianco (*bicchiere*)	1.81
vino rosso (*bicchiere*)	1.81
aperitivo	2.58
amaro	3.10
gelato	2.07

la cioccolata	hot chocolate
la panna	cream
il prosciutto	ham
il salame	salami
le patatine fritte	chips, French fries
il tè	tea
il bicchiere	glass
il vino	wine
bianco/a	white
rosso/a	red
l'aperitivo	aperitif
l'amaro	*liqueur drunk after meals*
il gelato	ice-cream

ACTIVITY 16

You are at 'Mille Birre' and you want to order a glass of
white wine and a ham roll. You're also going to order for
your friends: Carolina wants some chips and a draught
beer; Gianni wants a Martini. Work out (either verbally or
in writing) what you would say to the waiter. Then ask
how much it is and settle the bill.

ACTIVITY 17

Select the appropriate food/drink item from a–e for each of
the descriptions 1–5.

1 You drink it after a meal.	a	tè
2 You order it before eating.	b	vino
3 You eat it on a hot summer's day.	c	aperitivo
4 Frascati is an Italian variety of this.	d	gelato
5 English people drink a lot of it.	e	amaro

4.5 Un amico di troppo

 AL BAR
IN THE BAR

Stefania e Roberto si incontrano finalmente al bar dell'università.

mangiare	to eat
il cornetto	Italian type of croissant
sai?	do you know?
solo	only
per forza	of course
dovunque	everywhere
vuoi	you want
il pomeriggio	afternoon
in giro	around
giallo/a	yellow
il (film) giallo	detective film, detective movie
il film dell'orrore	horror film, horror movie
dopodomani	the day after tomorrow
il minuto	minute
mi dai	can you give me ...?
d'accordo	OK

ACTIVITY 18

Listen to the story and say if the following are true or false. Correct those which are false.

1 Stefania has a hot chocolate with cream.   V / F
2 Roberto doesn't eat.   V / F
3 Massimo works at the university.   V / F
4 Stefania likes going to the cinema.   V / F
5 Massimo's lecture starts in 15 minutes.   V / F
6 Stefania gives Roberto her phone number.   V / F

ACTIVITY 19

Listen to the story and correct the seven mistakes in the following summary of what happened.

Roberto incontra Stefania. Vanno in un ristorante e Roberto prende un caffè con panna e un toast. Stefania invece prende una coca cola e una pasta. Stefania ha molti amici. Roberto le chiede di andare a teatro. La lezione di Roberto comincia tra 15 minuti e allora lui le dà il suo numero di telefono.

STORY TRANSCRIPT

Roberto	Ciao.
Stefania	Ciao, come stai?
Roberto	Abbastanza bene. Va bene qui o andiamo in un altro bar?
Stefania	No, qui va bene. Cosa prendi?
Roberto	Io prendo una cioccolata con panna. Tu mangi qualcosa?
Stefania	Sì. Un cornetto … e un cappuccino.
Roberto	Allora, Stefania …ti piace questa città?
Stefania	Sì, ma non conosco molte persone qui …Ho solo un'amica, Caterina. Sai, sono qui da poco e non è facile incontrare gente nuova.
Roberto	Beh, per forza, Massimo ti segue dovunque … Oggi dov'è?
Stefania	Viene più tardi. Ora è fuori con mio padre.
Roberto	Lavora con tuo padre?
Stefania	Sì, a volte.
Roberto	Se vuoi un pomeriggio andiamo in giro a vedere la città. Ti piace andare al cinema?
Stefania	Sì, molto. Mi piacciono i film gialli e dell'orrore.
Roberto	Senti, la mia lezione comincia tra 5 minuti – mi dai il tuo numero di telefono? Non importa – ecco il mio. Se chiami stasera, andiamo fuori domani o dopodomani – d'accordo?

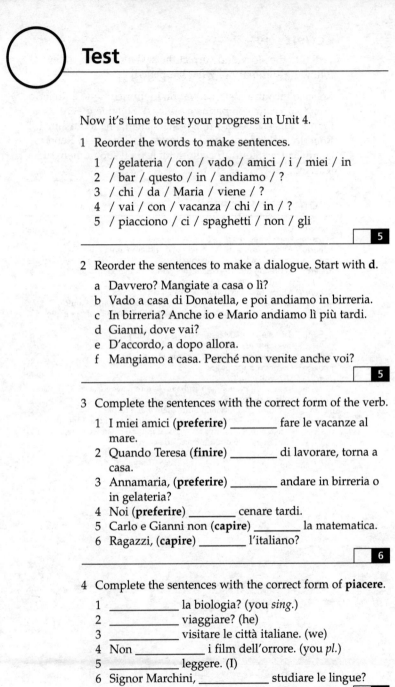

Test

Now it's time to test your progress in Unit 4.

1 Reorder the words to make sentences.

1 / gelateria / con / vado / amici / i / miei / in
2 / bar / questo / in / andiamo / ?
3 / chi / da / Maria / viene / ?
4 / vai / con / vacanza / chi / in / ?
5 / piacciono / ci / spaghetti / non / gli

5

2 Reorder the sentences to make a dialogue. Start with **d**.

a Davvero? Mangiate a casa o lì?
b Vado a casa di Donatella, e poi andiamo in birreria.
c In birreria? Anche io e Mario andiamo lì più tardi.
d Gianni, dove vai?
e D'accordo, a dopo allora.
f Mangiamo a casa. Perché non venite anche voi?

5

3 Complete the sentences with the correct form of the verb.

1 I miei amici (**preferire**) _____ fare le vacanze al mare.
2 Quando Teresa (**finire**) _____ di lavorare, torna a casa.
3 Annamaria, (**preferire**) _____ andare in birreria o in gelateria?
4 Noi (**preferire**) _____ cenare tardi.
5 Carlo e Gianni non (**capire**) _____ la matematica.
6 Ragazzi, (**capire**) _____ l'italiano?

6

4 Complete the sentences with the correct form of **piacere**.

1 _____ la biologia? (you *sing.*)
2 _____ viaggiare? (he)
3 _____ visitare le città italiane. (we)
4 Non _____ i film dell'orrore. (you *pl.*)
5 _____ leggere. (I)
6 Signor Marchini, _____ studiare le lingue?

6

5 Complete the following sentences using the words in the box.

> **fame / fretta / paura / sete / sonno**

1 Avete una birra? Ho davvero _____ .
2 Ho _____ – mangiamo qualcosa!
3 Vanno già a dormire?
   Sì, hanno _____ .
4 No, non veniamo a vedere *L'Esorcista*. Abbiamo
   _____ .
5 Dove corri?
   Scusa, ho _____ .

5

6 Complete the sentences with the correct form of **venire**.

1 _____ anch'io!
2 Gianluca e Marina, _____ in paninoteca?
3 Valeria, _____ al cinema stasera?
4 Davide ed io _____ con voi.
5 _____ anche Piero?
6 Da dove _____ i tuoi amici?

6

7 Complete the text with the correct forms of the verbs in brackets.

● Domani Tiziana ed io (1 **andare**) _____ a Roma. Perché non (2 **venire**) _____ anche tu?
* Quanti giorni (3 **rimanere** [*voi*]) _____ ?
● Tiziana (4 **restare**) _____ tre giorni, perché poi (5 **andare**) _____ in vacanza con il suo ragazzo.
* E tu, cosa (6 **fare**) _____ dopo?
● Io vorrei visitare Napoli.
* (7 **Conoscere**) _____ già Napoli. (8 **Preferire**) _____ visitare un'altra città, Firenze o Siena, per esempio.
● Va bene. Quando Tiziana (9 **partire**) _____ (10 **andare**) _____ a Firenze o a Siena, come (11 **preferire**) _____ .

11

TOTAL SCORE **44**

If you scored less than 34, go through the dialogues and the Language building sections again before completing the Summary on page 60.

Summary 4

Now try this final test summarizing the main points in this unit. You can check your answers on the recording.

How would you:

1 ask a friend if he is sleepy?
2 say you're not hungry, you're thirsty?
3 say you're going to the disco with your sister?
4 say you'd like a hot chocolate with fresh cream?
5 say you and your friends like cakes?
6 ask someone you've just met if he likes beer?
7 say that they're going to the bar?
8 ask 'how much is it?'

REVISION

Use a menu or a price list to practise ordering. Imagine how you would respond to questions such as **Cosa prende?** and **Cosa preferisce?** and use your dictionary to find out the Italian for kinds of food and drink you don't know.

You can also use a price list to practise higher numbers.

The car park is 100 metres away

Il parcheggio è a 100 metri

OBJECTIVES

In this unit you'll learn how to:

- ✓ ask where places are
- ✓ ask the way
- ✓ understand directions
- ✓ understand the location of places
- ✓ ask and understand how long a journey takes

And cover the following grammar and language:

- ✓ **c'è** ('there is') and **ci sono** ('there are')
- ✓ **a, da, di, in, su** + definite article
- ✓ prepositions to use in directions (**davanti, a destra,** etc.)
- ✓ the irregular verb **uscire** ('to go out')
- ✓ **ci vuole / ci vogliono** ('it takes')

LEARNING ITALIAN 5

Adult learners can sometimes find learning a foreign language frustrating: they lose the fluency of their native language and can feel that they are struggling to find the words they need. To help overcome that feeling, try to avoid thinking out what you want to say in English and then translating it into Italian. Instead always try to express yourself in the simplest way possible, making use of the vocabulary and structures that you do know.

Communicating with simple structures to begin with will build your confidence, as well as giving you a sound basis on which to develop your learning.

Now start the recording for Unit 5.

Is the bus stop nearby?
La fermata è qui vicino?

ACTIVITY 1 is on the recording.

ACTIVITY 2

Correct the sentences which are false.

1 La mostra dell'artigianato è lontana.	V / F
2 La fermata è accanto all'ufficio postale.	V / F
3 L'autobus 226 arriva in Via Libertà.	V / F
4 Via Libertà è vicino a Piazza Umberto.	V / F
5 I biglietti si comprano in tabaccheria.	V / F

DIALOGUE 1

○ Senta, scusi. Sa dov'è la mostra dell'artigianato?

■ Sì – in Piazza Umberto. È un po' lontano da qui , ma c'è l'autobus.

○ La fermata è qui vicino?

■ Sì, sì. Vedete l'ufficio postale, dopo i telefoni? L'autobus ferma lì di fronte all'ufficio postale.

○ E qual è l'autobus, per favore?

■ Il 227. Scendete in Via Libertà e all'angolo c'è Piazza Umberto.

○ Mi scusi, non ho capito bene: il 226 …?

■ No, no. 227. Avete i biglietti?

○ No, ma quando prendiamo l'autobus …

■ Eh, no. I biglietti si comprano prima in tabaccheria.

VOCABULARY

senta, scusi/mi scusi	excuse me
la mostra dell'artigianato	craft exhibition
la piazza	square
lontano (da)	far (from)
la fermata	(bus) stop
fermare	to stop
di fronte alla	opposite
all'angolo (di)	at the corner (of)
non ho capito bene	I don't quite understand
il biglietto	ticket
prima	before
si comprano	you buy, one buys
la tabaccheria	tobacconist's

✅ Finding the way (1)

To ask what things there are in a town, use **c'è ...?** ('is there?') and **ci sono ...?** ('are there ...?'). The same expressions are used in the reply.

Scusi, **c'è** una chiesa qui vicino? Excuse me, is there a church nearby?
No, qui non **ci sono** gabinetti. No, there aren't any toilets here.

✅ a, da, di, in, su + definite article

The prepositions **a** ('to'), **da** ('from'), **di** ('of'), **in** ('in'), and **su** ('on') followed by the definite article combine as follows.

	singular				*plural*		
	il	lo	l'	la	i	gli	le
a	al	allo	all'	alla	ai	agli	alle
da	dal	dallo	dall'	dalla	dai	dagli	dalle
di	del	dello	dell'	della	dei	degli	delle
in	nel	nello	nell'	nella	nei	negli	nelle
su	sul	sullo	sull'	sulla	sui	sugli	sulle

La fermata **del** pullman è **nella** piazza. The coach stop is in the square.

✅ Prepositions

accanto (a)	next to	**di fronte (a)**	opposite
all'angolo (di)	at the corner of	**lontano (da)**	far from
davanti (a)	in front of, opposite	**vicino (a)**	near
dietro (a)	behind		

davanti al duomo – in front of the cathedral
lontano dal centro – far from the centre

✅ Useful phrases for getting help

Senta, scusi. / Senti, scusa.	Excuse me.
Non capisco.	I don't understand.
Non ho capito.	I didn't understand.
Può / Puoi ripetere, per favore?	Can you repeat it, please?
Più lentamente, per favore.	More slowly, please.

ACTIVITY 3

Put the words/phrases in order to make complete sentences.

1 centro / città / scusi / lontano / della / è / il / ?
2 Via Garibaldi / la / di / all'angolo / banca / è
3 all' / c'è / cosa / ufficio postale / che / accanto / ?
4 qui / un / c'è / vicino / ristorante / ?
5 davanti / non / fermate / duomo / sono / al / ci

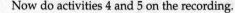 Now do activities 4 and 5 on the recording.

ACTIVITY 6 is on the recording.

ACTIVITY 7

Using the directions given in the dialogue, write in the streets correctly on the map: **Via Quattro Fontane, Viale Italia, Viale Europa**

DIALOGUE 2

○ Buongiorno. Prego?

■ Buongiorno. Ha una piantina della città?

○ Sì, certo. Che cosa cerca?

■ L'albergo Splendor. È qui vicino?

○ Sì. Ecco. Noi siamo in Via Quattro Fontane. Lei esce da qui e gira a sinistra in Viale Italia. Va dritto fino a Corso VI Aprile. Lì gira a destra e poi prende la seconda a destra. Sì, vede Viale Europa? Lì c'è l'albergo Splendor.

■ Allora. Esco dall'ufficio e giro a sinistra. Continuo dritto e in fondo a Viale Italia c'è Corso VI Aprile. Lì giro a destra e Viale Europa è la seconda a destra.

○ Sì. È a due passi.

VOCABULARY	
la piantina	map
esce (uscire)	you go out (to go out)
girare	to turn
a sinistra	on the left
dritto	straight on, straight ahead
fino a	as far as, (up) to
a destra	(on the) right
poi	then
la seconda	the second (street)
vedere	to see
continuare	to carry on, to continue
in fondo a	at the end of
a due passi	very close

⊘ *uscire* ('to go out') – irregular verb

(io)	**esco**	(noi)	**usciamo**
(tu)	**esci**	(voi)	**uscite**
(lui/lei; lei)	**esce**	(loro)	**escono**

Appena esce dai grandi magazzini c'è la biblioteca. As soon as you come out of the department stores, there is the library.

Cosa facciamo dopo, usciamo? What shall we do after, shall we go out?

⊘ Finding the way (2)

a sinistra (di)	(on the) left
a destra (di)	(on the) right
in fondo (a)	at the end of
fino a	as far as
(sempre) dritto	straight on
la prima	the first (street)
la seconda	the second (street)
la terza	the third (street)

prima, **seconda**, and **terza** are all ordinal numbers. Like adjectives, the ending of an ordinal number depends on the noun it accompanies. The ending here is feminine (**-a**) because the feminine noun **strada** is understood. There is more on ordinal numbers in Unit 12.

Continua per Viale Marconi, attraversa la piazza e poi gira in Corso Alberti. Carry on along Viale Marconi, cross the square, and then turn into Corso Alberti.

Vai sempre dritto e dopo il ponte, a sinistra della banca, c'è la Pensione Roma.
Go straight on and after the bridge, on the left of the bank, is the Roma B&B.

ACTIVITY 8

Complete the sentences with the most appropriate verb, in the correct form.

attraversare / uscire / girare / prendere / andare

1 Mi scusi, non ho capito. _____ a destra o a sinistra?
2 Sì. Lei _____ sempre dritto fino alla stazione.
3 _____ dal bar e prendi la prima a destra.
4 Andiamo dritto o _____ il ponte?
5 _____ Viale Lazio e lì in fondo vedete la chiesa.

🎧 Now do activities 9 and 10 on the recording.

Quanto ci vuole?

ACTIVITY 11 is on the recording.

ACTIVITY 12

Correct the statements which are false.

1	Il turista viaggia in macchina.	V / F
2	L'autostrada è a 120 km circa.	V / F
3	Il turista trova il cartello al primo semaforo.	V / F
4	Per arrivare a Savona ci vuole un'ora circa.	V / F
5	La banca è lontana, a piedi.	V / F

DIALOGUE 3

○ Senta, mi scusi. Per andare a Savona? È lontano da qui?

■ No, a 120 km circa. Vede la Fiat qui a destra? All'incrocio lei gira a destra. Continua dritto e al secondo semaforo trova il cartello per l'autostrada.

○ E quanto ci vuole per arrivare?

■ Ci vuole un'ora, un'ora e mezzo, dipende dal traffico.

○ Ah, grazie. Eh, senta … c'è una banca qui vicino?

■ Sì, dietro la stazione. A piedi ci vogliono solo cinque minuti.

VOCABULARY

a 120 km	120 km away
circa	about, approximately
l'incrocio	crossroads
il semaforo	traffic light
trovare	to find
il cartello	sign
l'autostrada	motorway, highway
ci vuole	it takes [*time*]
l'ora	hour
mezzo/a	half
dipende da	it depends on
il traffico	traffic
a piedi	on foot
ci vogliono	it takes [*time*]
la banca	bank

✓ Finding the way (3): *per andare a ...?*

To ask for directions, use **per andare a ...?** ('how do I get to ...?').
Remember to use the correct combined form of **a** + the definite
article.

> Mi scusi, **per andare all'**ospedale? Excuse me, how do I get to the
> hospital?
> Scusa, **per andare al** mare? Excuse me, how do I get to the seaside?

✓ *ci vuole / ci vogliono* ('it takes')

To ask or reply to how long it takes to get somewhere, use **ci vuole**, or
ci vogliono when followed by an amount in the plural.

> Quanto **ci vuole**? How long does it take?
> **Ci vogliono** tre ore circa. It takes about 3 hours.

✓ Means of transport

Most means of transport use the preposition **in**.

in autobus	by bus	**a piedi**	on foot
in barca	by boat	**a cavallo**	on horse
in macchina/auto(mobile)	by car		
in metropolitana	by underground		
in nave	by ship		
in pullman	by coach		
in treno	by train		
in taxi	by taxi		

✓ Expressing distances

Note the use of **a** in the following expressions:

a due passi	very near	**a cento metri**	100m away
a cinque minuti	five minutes away	**a un chilometro**	1 km away

> La farmacia è **a due passi**. The chemist is very close.
> Il mercato è **a tre chilometri** circa. The market is about 3 km away.

ACTIVITY 13

Supply the questions for the following answers.

1 In metropolitana?! Solo dieci minuti.
2 Dritto fino alla piazza e arriva subito alla stazione.
3 No, non molto. A piedi solo cinque minuti.
4 Noi in città? Sempre in autobus.
5 Da qui? No, il teatro è a solo 2 km.
6 No, non è dietro. Il bar è davanti alla farmacia.

 Now do activities 14 and 15 on the recording.

5.4 Public transport

I mezzi pubblici

ACTIVITY 16

Read the magazine article and answer the following questions.

1 What positive feature of public transport in Italy is mentioned?
2 What negative feature is mentioned about buses?
3 A lack of which facility makes driving difficult?
4 What restriction has been introduced in the centre of most Italian towns?
5 What is the Italian for 'pedestrian zone'?

In Italia i mezzi pubblici di trasporto urbano, come l'autobus, il tram e nelle grandi città la metropolitana, sono abbastanza economici. Purtroppo gli autobus non sempre offrono un servizio affidabile. Per questo, la maggior parte degli italiani preferisce viaggiare in automobile. Naturalmente questo causa grossi ingorghi nel traffico giornaliero. Ma gli automobilisti italiani preferiscono usare la macchina, anche se i parcheggi sono pochi.

Per ridurre la congestione e l'inquinamento, oggi i centri storici di molte città italiane sono chiusi al traffico. Così la gente può andare tranquillamente a piedi in queste zone pedonali.

i mezzi pubblici	public transport
il tram	tram, streetcar
economico/a	cheap
offrire	to offer
il servizio	service
affidabile	reliable
per questo	for this reason
la maggior parte	the majority
viaggiare	to travel
naturalmente	naturally
causare	to cause
l'ingorgo	traffic jam
giornaliero/a	daily
l'automobilista (m/f)	car driver
usare	to use
anche se	even if
ridurre	to reduce

CULTURE

la congestione	congestion
l'inquinamento	pollution
il centro storico	old part of town
così	so
tranquillamente	peacefully
pedonale	pedestrian
il cartello (stradale)	(road) sign

ACTIVITY 17

I CARTELLI STRADALI

You're standing outside the Hotel Centrale. Using the road signs, how would you give directions to the following people:

1 someone looking for a tour of the monuments?
2 someone asking for Piazza Bologni?
3 someone who wants to go to the public library?
4 someone looking for a place to park?

ACTIVITY 18

Match the words that are related.

1	traffico	a	zona pedonale
2	macchina	b	ingorgo
3	strada	c	automobile
4	centro storico	d	mezzo pubblico
5	metropolitana	e	viale

UN APPUNTAMENTO AL TELEFONO
A DATE MADE ON THE TELEPHONE

'Chissà se Stefania telefona?' si chiede Roberto.

pronto	hello [on the phone]
chissà	who knows
chiedersi	to wonder
presto	soon, early
adesso	now
che c'è da vedere?	what is there to see?
le cose	things
il parco	park
tante	many
antico/a	old, ancient
il palazzo	palace
reale	royal
ottimo/a	excellent
il pesce	fish
l'idea	idea
invitare	to invite
l'edicola	newspaper kiosk, newsstand
perfetto	perfect
incontrarsi	to meet
proprio	just
a fra poco	see you soon

ACTIVITY 19

A Roberto is telling Stefania what there is to see in town:
listen and circle the five places he mentions.

castello   palazzo   museo   teatro   chiese

poste   galleria   parco   duomo

B Now use the words you circled to complete the
following sentences.

1 Il _____ è famoso per la grande cupola.
2 Sono tutte _____ antiche.
3 Le mamme portano i bambini al _____.
4 Il più ricco monumento è senz'altro il _____ reale.
5 Hanno aperto un nuovo _____.

ACTIVITY 20

Listen to the story again and mark the following statements
V (vero), **F (falso)**, or **P (possibile)** (if insufficient
information is given in the conversation to know if it's true
or false).

1 Stefania telefona a Roberto molto presto.   V / F / P
2 Stefania parte con Massimo.   V / F / P
3 Roberto e Stefania escono subito.   V / F / P
4 Anche Massimo va in giro per la città.
5 Roberto è contento perché viene anche
   Massimo.
6 Stefania invita Caterina.
7 A Caterina non piace il pesce.   V / F / P
8 Caterina abita lontano dall'università.   V / F / P
9 Il tabaccaio è di fronte al bar.

STORY TRANSCRIPT

Roberto	Pronto?
Stefania	Roberto, sono io, Stefania. Come va?
Roberto	Ciao! Bene, bene. Come mai così presto?
Stefania	Beh! Senti, Roberto. Io domani parto. Usciamo adesso invece di domani?
Roberto	Ma come, parti? Dove vai? Parti con Massimo?
Stefania	Beh, sì e no. Io adesso sono vicino all'università. Se vuoi, usciamo subito.
Roberto	Sì, sì, va bene. Andiamo in giro per la città allora.
Stefania	Che c'è da vedere?
Roberto	Oh, mille cose: il Teatro, il Parco, tante chiese antiche. Allora, andiamo prima al Duomo e al Palazzo reale che non sono lontani da qui e poi stasera in spiaggia, a mangiare dell'ottimo pesce. Ti piace il pesce?
Stefania	A me tantissimo, ma non so a Massimo …
Roberto	Ma perché viene anche lui?
Stefania	Beh, sai … È solo e allora … Ho un'idea. Invito anche la mia amica Caterina.
Roberto	Buona idea. Dove abita Caterina?
Stefania	A 100 metri dall'università. All'incrocio tra Viale delle Scienze e Corso Pisani. Sai, dove c'è l'edicola?
Roberto	Perfetto. Allora ci incontriamo davanti al tabaccaio?
Stefania	Tabaccaio? E dov'è il tabaccaio?
Roberto	Ma dai, proprio accanto al Bar Grazia, all'angolo di Corso Pisani.
Stefania	Ah, sì! Va bene. A fra poco allora.

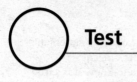

Test

Now it's time to test your progress in Unit 5.

1 **Un puzzle**

Identify the words shown by the arrows in the map. Then insert the underlined letters in the correct order below to give the name of a famous attraction in Venice. (5 points for the words; 3 for identifying the attraction)

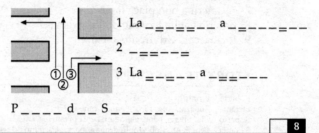

1 La _ _ = _ = = _ _ a _ _ = _ _ _ = _ _

2 _ = = _ _ =

3 La _ _ = _ _ a _ _ = = _ _ _

P _ _ _ _ d _ _ S _ _ _ _ _ _

8

2 Complete the sentences by matching 1–7 with the appropriate ending from a–g.

1 Non è lontano	a qui vicino.
2 Ecco. Siamo arrivati	b all'angolo.
3 Giri e l'ufficio postale è lì	c il duomo.
4 Il mercato è proprio a	d dalla galleria.
5 I gabinetti sono	e sinistra vede la chiesa.
6 In fondo a destra c'è	f due passi.
7 Sempre dritto e poi a	g al teatro.

7

3 Complete the sentences with the correct word/phrase from the box.

ci vogliono / c'è / ci sono / ci vuole / ci vogliono

1 _____ solo dieci minuti in automobile.
2 No, _____ solo una banca lì a sinistra.
3 Per arrivare all'albergo _____ molti autobus.
4 Per studiare medicina _____ sei anni.
5 _____ molto per arrivare a casa?

5

4 Le parole crociate

Complete the crossword with various kinds of transport.

Example: 5V Viaggia sulla terra, ma non è un autobus – **treno**

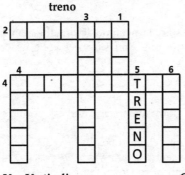

V = Verticali

1 Viaggia sull'acqua.
3 Cammina a benzina.
4 Viaggia sull'acqua, ma non è una nave.
6 Non va sull'acqua e non va sulla terra.

O = Orizzontali

2 È come un autobus.
4 Mezzo di trasporto a due ruote.

| | 6 |

5 Complete the sentences using the correct form of **uscire**.

1 Andrea, _____ prima o dopo cena stasera?
2 I signori Rossi _____ sempre dopo colazione.
3 Appena _____ la madre, la figlia guarda la TV.
4 Il sabato sera _____ sempre con i nostri amici.

| | 4 |

6 Complete the sentences using the appropriate preposition + the definite article.

1 Siamo ancora molto lontano _____ Colosseo?
2 Ci sono molti giardini al centro _____ città.
3 I biglietti non si comprano _____ autobus [*plural*].
4 L'albergo è accanto _____ grandi magazzini.
5 Il tabaccaio è all'angolo _____ ufficio postale.

| | 5 |

TOTAL SCORE | 35 |

If you scored less than 25, go through the dialogues and the Language building sections again before completing the Summary on page 74.

Summary 5

 Now try this final test summarizing the main points covered in this unit. You can check your answers on the recording.

How would you:
1 attract a passer-by's attention?
2 say you didn't understand and ask 'Could you repeat that, please?'
3 ask if there a chemist nearby?
4 ask if the centre is far away?
5 tell a friend to go straight on?
6 ask how to get to the motorway?
7 ask how long it takes to get to Bologna?
8 say the museum is five minutes away?

REVISION

Using a map of an Italian city or your own town, practise asking about locations and facilities with the structures **Scusi, dov'è ...?** and **C'è un/una ...?** Also practise giving directions to places on the map, using as many of the prepositions covered in this unit as you can.

▶ ▶ ▶ ▶ ▶ ▶ ▶ ▷ ▷ ▷ ▷ ▷ ▷ ▷ ▷〉

Every Thursday I go to the gym

Ogni giovedì vado in palestra

OBJECTIVES

In this unit you'll learn how to:

- ✓ tell the time
- ✓ describe daily routines
- ✓ talk about hobbies and interests
- ✓ give dates

And cover the following grammar and language:

- ✓ time expressions
- ✓ reflexive verbs
- ✓ adverbs of frequency
- ✓ **da … a** ('from … until') to express duration
- ✓ impersonal constructions using **si**

LEARNING ITALIAN 6

How you memorize vocabulary effectively depends on what kind of learner you are. It is useful to work out at an early stage what your preferred learning style is and to tailor your learning accordingly. Do you remember better if you hear words repeated, or do you need to see them written down? Do non-verbal prompts such as pictures or symbols stick better in your memory?

However you learn, you'll find it useful to write down words and phrases under topic headings. Learning vocabulary in a context will make it much easier to recall.

Now start the recording for Unit 6.

What time is it?

Che ore sono?

ACTIVITY 1 is on the recording.

ACTIVITY 2

Correct the statements which are false.

1 Sono le due meno un quarto.	V / F
2 Giorgio va in palestra alle tre e mezza.	V / F
3 Giorgio guarda la partita la domenica pomeriggio.	V / F
4 Carla va a Cortina ad agosto.	V / F
5 Oggi è giovedì.	V / F

DIALOGUE 1

○ Carla, scusa, che ore sono?

■ Sono le due e un quarto. Perché?

○ Come perché? Lo sai che ogni giovedì vado in palestra e …

■ Sì, il giovedì alle due e mezzo vai in palestra; il mercoledì alle sei giochi a tennis, la domenica pomeriggio guardi la partita di calcio. Come sei noioso! Fai sempre le stesse cose.

○ E tu invece? D'estate al mare, d'inverno in montagna …

■ Sì, ma con gente diversa, in posti diversi …

○ Ma dai … ! Ad agosto vai sempre a Gabicce con Antonella e a febbraio a Cortina con tuo padre.

■ Ah, sì?! Allora da oggi il giovedì andiamo in paninoteca!

VOCABULARY	
e un quarto	quarter past
come perché?	what do you mean 'why?'?
lo sai che	you know that
il giovedì	Thursday
alle due e mezza/o	at half past two
il mercoledì	Wednesday
la domenica	Sunday
la partita	match [*sports*]
l'inverno	winter
diverso/a	different
il posto	place

✅ *Che ore sono? / Che ora è?* ('What time is it?')

To say what the time is, you use **Sono le ....**

> **Sono le due.** It's 2.00.
> **Sono le nove meno un quarto.** It's 8.45.

'It's one o'clock' is an exception to this: **È l'una.**

> **È l'una e venti.** It's 1.20.
> **È l'una meno dieci.** It's 12.50.

Note **È mezzogiorno/mezzanotte.** ('It's midday/midnight.')

To ask 'At what time ...?', you use **A che ora ...?** and to reply **'alle ...'**.

> **A che ora è** il concerto? At what time is the concert?
> La piscina chiude **alle nove** di sera. The swimming pool closes at 9.00 p.m.
> Il pranzo è **all'una e mezzo.** Lunch is at 1.30.
> La cerimonia finisce **a mezzogiorno.** The ceremony finishes at 12.00.

For public and more official announcements the 24-hour clock is used.
Il prossimo telegiornale è **alle venti e trenta**. The next news is at 20.30.

✅ Days

lunedì	Monday	**giovedì**	Thursday	**sabato**	Saturday
martedì	Tuesday	**venerdì**	Friday	**domenica**	Sunday
mercoledì	Wednesday				

They don't require a capital letter. They all need the masculine article, except for Sunday (**la domenica**), when they refer to regular events.

> **Lunedì** parto per Londra. On Monday I'm leaving for London.
> **Il lunedì** comincio alle otto. On Mondays I start at 8.00.

la mattina	morning	**la sera**	evening
il pomeriggio	afternoon	**la notte**	night

Eva **la sera** va al pub. Eva goes to the pub in the evening.
La mattina Letizia fa la doccia. In the morning Letizia has a shower.

Di is used to clarify the time of day: Arrivo alle 2.00 **del** pomeriggio.

ACTIVITY 3

Supply the appropriate questions for the following answers.

1 Il film finisce alle due.
2 Non giochiamo a tennis il giovedì ma il mercoledì.
3 Sono le tre e venti.
4 In vacanza? Io vado sempre in campagna!
5 Il venerdì sera? Marco e Antonia escono.

🎧 Now do activities 4 and 5 on the recording.

I usually get up early
Di solito mi alzo presto

ACTIVITY 6 is on the recording.

ACTIVITY 7

1 Marcello ogni mattina è   **a** in ritardo **b** in anticipo
2 Marcello si alza verso le   **a** 7.30 **b** 7.00 **c** 6.30.
3 Nino si sveglia di solito   **a** dopo la moglie.
                                    b prima della moglie.
4 Nino si alza alle   **a** 6.45 **b** 6.15.

DIALOGUE 2

○ Che fretta! Dove corre Marcello?
■ In ufficio. È in ritardo come sempre. Si alza sempre molto tardi.
○ Come mai? Forse andate a letto tardi?
■ Eh, sì. Lui non va mai a letto prima di mezzanotte e io spesso mi addormento davanti al televisore.
○ E a che ora vi alzate la mattina?
■ Marcello verso le sette, io più presto. Qualche volta ci alziamo insieme, ma spesso mi sveglio prima io. E voi? Ti svegli prima tu o Nino?
○ Di solito lui, alle sette meno un quarto. Nino è molto abitudinario! Si lava, si veste, fa colazione e dalle sette e mezza alle otto legge sempre il giornale.

VOCABULARY	
in anticipo	early
che fretta!	what a rush!
correre	to run
alzarsi	to get up
tardi	late
andare a letto	to go to bed
addormentarsi	to fall asleep
il televisore	TV set
qualche volta	sometimes
svegliarsi	to wake up
abitudinario/a	with fixed habits
lavarsi	to have a wash
vestirsi	to get dressed
far colazione	to have breakfast
dalle ... alle	from ... until [*time*]

✓ Reflexive verbs

Reflexive verbs can easily be identified by the infinitive ending: **-arsi**, **-ersi**, **-irsi**. Their verb forms, identical to the **-are**, **-ere**, and **-ire** verbs respectively, require the relevant reflexive pronoun (**mi**, **ti**, etc.) which correspond roughly to the English 'myself', 'yourself', etc.

	riposarsi – to take a rest	**radersi –** to shave	**divertirsi –** to enjoy oneself
(io)	*mi* ripos*o*	*mi* rad*o*	*mi* divert*o*
(tu)	*ti* ripos*i*	*ti* rad*i*	*ti* divert*i*
(lui/lei; lei)	*si* ripos*a*	*si* rad*e*	*si* divert*e*
(noi)	*ci* ripos*iamo*	*ci* rad*iamo*	*ci* divert*iamo*
(voi)	*vi* ripos*ate*	*vi* rad*ete*	*vi* divert*ite*
(loro)	*si* ripos*ano*	*si* rad*ono*	*si* divert*ono*

Ernesto **si sente** male. Ernesto doesn't feel well.

✓ Adverbs of frequency

These can be placed either at the beginning of the sentence or after the verb. The exceptions are **mai**, which always follows the verb, and **non ... mai**, which goes around the verb.

qualche volta	sometimes	**sempre**	always
di solito	usually	**mai**	ever, never
spesso	often	**non ... mai**	never
ogni	every, each	**tutti/tutte**	every

Di solito esco verso le 7. I usually go out at about 7.
Non guardo **mai** la televisione. I never watch TV.

✓ da ... a ('from ... until')

Da ... a expresses a period of time. When used with days and times, **da** and **a** combine with the article to become **dal / al**, etc.

Vado a Pisa **da** giugno **ad** agosto. I go to Pisa from June until August.
Sono libero **dal** venerdì **al** sabato. I'm free from Friday to Saturday.

ACTIVITY 8

Complete the following sentences by supplying the correct form of the reflexive verbs in brackets.

1 Il Signor Ribaudo _____ ogni mattina alle 5. (alzarsi)
2 Spesso noi dalle due alle tre _____. (riposarsi)
3 Signora, _____? (sentirsi male)
4 Non _____ quando andate in discoteca? (divertirsi)
5 Luca e Antonella _____ prima di me. (svegliarsi)

Now do activities 9 and 10 on the recording

In Italia si gioca molto a calcio

ACTIVITY 11 is on the recording.

ACTIVITY 12

1 What is the name of the Italian newspaper mentioned?
2 What are the three most popular sports in Italy?
3 Which sport is particularly popular in the south?
4 When does the woman go skiiing?

DIALOGUE 3

○ È vero che gli italiani non sono molto sportivi?

■ No, gli italiani amano molto lo sport. Pensa! In Italia si pubblica *La Gazzetta dello Sport,* un quotidiano tutto per lo sport.

○ Sì, va bene, si segue molto lo sport però si pratica solo il calcio.

■ Non è vero. Certo gli italiani preferiscono il calcio, ma in Italia si gioca moltissimo anche a pallacanestro e a tennis.

○ No?! Ma per te si fa più sport al nord o al sud dell'Italia?

■ Dipende. Il calcio e la pallacanestro si giocano dovunque ma al sud si preferisce andare al mare, così si fa più nuoto. Al nord invece si va più spesso in montagna.

○ Ah, sì … Anche a me la montagna piace moltissimo. Infatti ogni anno, dal primo al 7 febbraio, vado a Courmayeur a sciare.

VOCABULARY

sportivo/a	sporty
amare	to love
pensa!	imagine!
pubblicare	to publish
il quotidiano	daily paper
praticare	to do [*sport*], to practise [*sport*]
la pallacanestro	basketball
fare sport	to do a sport, to practise a sport
il nuoto	swimming
sciare	to ski
la settimana	week

✅ The impersonal *si*

To make a generalized statement in Italian **si** is used followed by the verb in 3rd person singular, or plural if the object is plural. It corresponds to the English 'one', or 'we', or 'people', etc.

Si mangia bene in Italia. One eats/You eat well in Italy.
Si producono molte arance in Sicilia. A lot of oranges are produced in Sicily.

✅ Months and seasons

gennaio	January	**maggio**	May	**settembre**	September
febbraio	February	**giugno**	June	**ottobre**	October
marzo	March	**luglio**	July	**novembre**	November
aprile	April	**agosto**	August	**dicembre**	December

The months don't take a capital letter. To say 'in January', 'in February', and so on, you use a: **a gennaio, a febbraio,** ...

la primavera	spring	**a/in primavera**	in spring
l'estate (f)	summer	**d'/in estate**	in summer
l'autunno	autumn, fall	**d'/in autunno**	in autumn, in fall
l'inverno	winter	**d'/in inverno**	in winter

D'estate/In estate andiamo all'estero. In summer we go abroad.

✅ Dates

Unlike English, dates in Italian are given using cardinal numbers: the only exception to this is the first.

In America **il 4 luglio** si celebra l'Independence Day. In America Independence Day is celebrated on the 4th of July.
In Italia **il primo maggio** è festa nazionale. In Italy the 1st of May is a public holiday.

ACTIVITY 13

Change the following sentences using the impersonal **si**.
Example: Gli italiani bevono molto caffè. *In Italia si beve molto caffè.*

1 Gli americani giocano molto a baseball.
2 Di solito gli italiani spendono molto per vestire.
3 Per le vacanze gli inglesi vanno spesso all'estero.
4 D'estate gli italiani passano molto tempo al mare.
5 Gli italiani mangiano molti tipi di pasta.

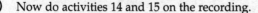 Now do activities 14 and 15 on the recording.

<!-- vertical text: CULTURE -->

6.4 Italians' hobbies
I passatempi degli italiani

ACTIVITY 16

Correct the statements which are false.

1	La sera molti italiani vanno in palestra.	V / F
2	Di solito il sabato sera si guarda la televisione.	V / F
3	Gli italiani non vedono spesso il resto della famiglia.	V / F
4	D'estate gli italiani amano andare al mare.	V / F
5	Ad agosto in Italia si prendono le ferie.	V / F

Anche per l'italiano il modo preferito di rilassarsi la sera è guardare la televisione. Diventa però sempre più popolare dopo il lavoro andare in palestra. Il sabato sera, generalmente, si va a mangiare una pizza, o a vedere un film al cinema o ad ascoltare della musica in un piano bar. La domenica di solito si incontra il resto della famiglia. I passatempi italiani più diffusi sono: la caccia, la raccolta di funghi, i tornei di carte e di scacchi, l'opera e naturalmente le partite di calcio. D'estate la grande passione degli italiani rimane il mare, specialmente durante il mese d'agosto quando quasi tutta l'Italia si ferma per le ferie estive.

rilassarsi	to relax
diventare	to become
sempre più	more and more
ascoltare	to listen (to)
la musica	music
il resto	rest
diffuso/a	popular
la caccia	hunting
la raccolta	picking
i funghi	mushrooms
il torneo	tournament
gli scacchi	chess
la passione	passion
specialmente	especially
quasi	almost
le ferie	holidays, vacation
estivo/a	summer [*adjective*]

ACTIVITY 17

Look at the notices and answer the following questions, trying to write the dates and times out in full.

1 Qual è l'orario delle farmacie di turno?
2 Quali opere sono in programma dal 24 al 29 luglio?
3 In che giorni è aperto il museo di pomeriggio?
4 Perché se vado il lunedì non posso vedere la mostra?
5 Quando c'è un concerto all'Arena?
6 Quando riapre l'Orto Botanico?

1 **Verona**
Arena di Verona

luglio **3, 7, 13, 18, 21, 24, 27**
agosto **3, 14, 17, 22, 30**
Rigoletto
Musica di Giuseppe Verdi

luglio **6, 12, 16, 19, 25, 28**
agosto **4, 11, 15, 23, 28, 31**
Turandot
Musica di Giacomo Puccini

agosto **9, 18, 20, 24, 29**
Romeo e Giulietta
Musica di Sergeij Prokofiev

settembre **1**
Concerto Sinfonico Corale
Orchestra e Coro dell'Arena di Verona

2 **Orto Botanico**
Chiuso per restauri

Dal 30 gennaio al 23 aprile

Per informazioni rivolgersi

al numero verde 167/234/169

4 **ORARIO MOSTRA**
• • • • • • • • • • • • • • • • • • • •
maggio – settembre
da martedì a domenica
15.00 – 24.00
Chiuso il lunedì

ottobre
da martedì a domenica
10.00 – 20.00
Chiuso il lunedì

3 Orario: Farmacie di Turno
Aperte senza interruzione
Dalle ore 8.30 alle ore 19.30

5 **Museo Archeologico 'Emilio Alvarez'**
Piazza Olivella – Palermo 90133
Tel. 6116805 – 6116806 – 6116807
Orari di visita: tutti i giorni dalle ore 9,00 alle ore 13,30
Festivi: dalle ore 9,00 alle ore 12,30

Apertura pomeridiana:
martedì e venerdì dalle ore 15,00 alle ore 18,30

l'orario	timetable, schedule
sinfonico/a	symphonic
corale	choral
il coro	choir
l'orto botanico	botanical garden
chiuso/a	closed
i restauri	repairs, refurbishment
l'informazione (f)	information
rivolgersi	to speak to
il numero verde	free phone
di turno	on duty
aperto/a	open

6.5 Un amico di troppo

L'INCONTRO POCO FORTUNATO
NOT SUCH A HAPPY OUTING

Stefania si chiede perché Roberto si arrabbia tanto.

grosso/a	big
i dubbi	doubts
normale	normal
la crisi	crisis
straniero/a	foreign
la coppia	couple
forza!	come on!
fare una passeggiata	to go for a walk
l'aereo	aeroplane
importante	important
sai una cosa?	you know what?
meglio	better [adverb]
in due	with just two people
da sola	on your own

ACTIVITY 18

Listen to the story and answer the following questions in Italian.

1 Che cosa studia Caterina?
2 Quando ha dubbi Caterina?
3 Quali attività Stefania e Massimo fanno insieme?
4 Perché Stefania non va in spiaggia?
5 Perché Stefania e Massimo ritornano venerdì?

ACTIVITY 19

Put the sentences in the order that each event in referred to in the story.

1 Stefania ritorna venerdì.
2 Roberto ha spesso una crisi.
3 Massimo e Stefania passano molto tempo insieme.
4 Stasera Stefania e Massimo non vanno in spiaggia.
5 Roberto dice di fare una passeggiata.
6 Caterina non studia lingue.
7 A Stefania piace studiare lingue all'università.

STORY TRANSCRIPT

Caterina	Ciao, Stefania. È questo Roberto?
Stefania	No, questo è Massimo. Ecco Roberto. Lui fa sociologia.
Caterina	Ah sì, io invece faccio psicologia.
Roberto	Interessante. Ti piace?
Caterina	Mah, non so. Spesso quando mi sveglio ho grossi dubbi.
Roberto	È normale. Io ho una crisi ogni giorno. Stefania invece non ha mai dubbi, vero?
Stefania	No, non molto spesso. Mi piace molto il tedesco. Beh, mi piacciono tutte le lingue straniere.
Caterina	E tu, Massimo? Ti diverti qui?
Massimo	Quando sono con Stefania, io mi diverto sempre – vero, Stefania? Mangiamo insieme, guardiamo la TV insieme. Di solito usciamo sempre insieme …
Roberto	Una coppia perfetta!!!
Stefania	Beh, allora, andiamo?
Caterina	Sì, sì, forza. Andiamo. Dov'è la macchina?
Roberto	Ma, no. Facciamo una passeggiata e poi in spiaggia andiamo in macchina.
Stefania	Roberto, forse io e Massimo non veniamo in spiaggia. L'aereo domani è alle cinque e mezzo e …
Roberto	Allora, parti davvero?! E quando ritorni?
Stefania	Venerdì. Massimo il 12 ha una cena importante e …
Roberto	Ah, sì?! Massimo viene con te? Sai una cosa? La città si vede meglio in due. Vai da sola con Massimo.
Stefania	Ma, Roberto …

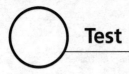

Test

Now it's time to test your progress in Unit 6.

1 Match the times in 1–7 with the correct clock.

1 Sono le due e un quarto.
2 È l'una meno cinque.
3 Sono le tre e trentacinque.
4 È mezzogiorno e mezzo.
5 Sono le cinque meno venti.
6 È mezzanotte.
7 Sono le sette meno un quarto.

7

2 Complete the sentences using the words in the box.

| non ... mai   il   di solito   in   dalle ... alle   e |

1 Quando usciamo, _____ ci incontriamo in paninoteca.
2 Il parco è aperto _____ dieci _____ diciassette.
3 _____ facciamo _____ colazione prima delle otto.
4 Signor Terni, l'opera comincia alle nove _____ un quarto.
5 _____ primavera mia moglie va alle Terme di Montecatini.
6 Il nostro anniversario è _____ quattro novembre.

6

3 After a stay in Italy, you're writing to a friend about how the Italians live. Complete the postcard with the impersonal **si** + the correct form of the verbs in brackets.

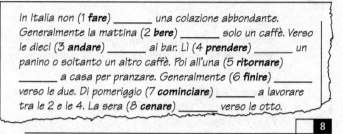

In Italia non (1 **fare**) _____ una colazione abbondante. Generalmente la mattina (2 **bere**) _____ solo un caffè. Verso le dieci (3 **andare**) _____ al bar. Lì (4 **prendere**) _____ un panino o soltanto un altro caffè. Poi all'una (5 **ritornare**) _____ a casa per pranzare. Generalmente (6 **finire**) _____ verso le due. Di pomeriggio (7 **cominciare**) _____ a lavorare tra le 2 e le 4. La sera (8 **cenare**) _____ verso le otto.

8

4 What are the following dates in Italian?

1 Christmas Day
2 Tomorrow's date if today is Monday the 30th of June
3 New Year's Day
4 St Valentine's Day
5 Hallowe'en

5

5 For the questions 1–5 find the correct answer from a–e.

1 Dove si dorme?   a a scuola
2 Dove si studia?   b a letto
3 Dove si nuota?   c in piscina
4 Dove si leggono libri?   d in palestra
5 Dove si fa sport?   e in biblioteca

5

6 Put the pieces of this letter back in order. Start with **h**.

a tempo è stupendo. È tutto così tranquillo.
b sei ed esco subito a fare una passeggiata insieme
c a Marina. Ritorniamo verso mezzogiorno e
d Madonna di Campiglio. È un posto meraviglioso. Il
e ci riposiamo dalle tre alle quattro.
f La mattina mi alzo presto alle
g Mi piace molto qui e mi
h Sono in vacanza in montagna, a
i diverto tantissimo.
j pranziamo verso l'una. Dopo pranzo io e Marina

9

TOTAL SCORE **40**

If you scored less than 30, go through the dialogues and the Language building sections again before completing the Summary on page 88.

Summary 6

 Now try this final test summarizing the main points
covered in this unit. You can check your answers on the
recording.

How would you:
1 ask someone you don't know what time it is?
2 say it's midnight?
3 say it's 6.45?
4 ask what time Signor Alberti has dinner?
5 say that on Sundays you go swimming?
6 ask Signora Allegri if she gets up early?
7 ask what people do in Italy on Sundays?
8 say 'on the first of July'?

REVISION

Think through your own daily routine and how you would
describe what you do in Italian. You could also write each
activity down on cards. Put the English translation on the
other side, so that you can test yourself on what they mean.
You could also ask some friends to play a miming game
like charades. They mime, you guess what the activity is in
Italian.

I haven't been to the lakes yet

Non sono ancora stato ai laghi

OBJECTIVES

In this unit you'll learn how to:

- ✓ talk about events and activities in the past
- ✓ express preferences in the past
- ✓ say how long events or activities last

And cover the following grammar and language:

- ✓ the perfect tense, with **avere** and **essere**
- ✓ the adverbs **di più** ('more') and **di meno** ('less')
- ✓ exclamations
- ✓ time expressions relating to the past
- ✓ **ci** to refer to location

LEARNING ITALIAN 7

When learning a language, it is very important to use the vocabulary you know in as many different contexts as possible. Vocabulary has been recycled in this way throughout the course, but you can do more yourself to suit your own needs and interests. At the end of each unit, think about how you can combine what you have just learnt with what you already know. For example, once you have learnt the perfect tense in this unit, you can combine it with the language covered in Unit 6 and talk about how you spent last week or about a special occasion in the past.

Now start the recording for Unit 7.

I had a good trip!
Ho fatto un bel giro!

ACTIVITY 1 is on the recording.

ACTIVITY 2

Correct the statements which are false.

1	Maurizio, Beppe, Lisa e Mara hanno viaggiato in macchina.	V / F
2	Hanno passato tre settimane in Campania.	V / F
3	Laura ha visitato Capri con Mara l'anno scorso.	V / F
4	Hanno mangiato e dormito per tutto il viaggio.	V / F

DIALOGUE 1

○ Mara, hai mai visitato la Campania?

■ Sì, l'anno scorso, con Maurizio, Beppe e Lisa.

○ E cosa avete visto?

■ Mah, tanti posti meravigliosi. Napoli, Sorrento, Amalfi e anche Paestum.

○ E Capri?!

■ No, non l'anno scorso. Io ho visitato Capri tre anni fa con Laura.

○ E come avete viaggiato – in treno?

■ No, abbiamo preso la macchina.

○ Ma non è faticoso fare il viaggio in macchina?

■ No, anzi. Abbiamo mangiato e dormito tutto il tempo!

○ Avete fatto un bel giro, allora!

■ Sì. Abbiamo proprio passato due settimane stupende.

VOCABULARY

visitare	to visit
scorso/a	last
meraviglioso/a	wonderful
faticoso/a	tiring
fare il viaggio	to travel
anzi	on the contrary
il giro	trip
proprio	really
la settimana	week
stupendo	wonderful

✓ The perfect tense (1)

The perfect tense is used to describe a single completed event or action which took place in the past. It can be translated in English – **ho visitato** 'I visited' or 'I have visited' – depending on the context.

Most transitive verbs (i.e. verbs which take a *direct object*) form the perfect tense with the present tense of **avere** + the past participle of the verb required. This includes the verb **avere**. For regular verbs the past participle is formed as follows: **-are** verbs → **-ato**, **-ere** verbs → **-uto**, and **-ire** verbs → **-ito**.

I Rossi **hanno vend***uto* la casa. The Rossis sold their house.
Non **ho dorm***ito* bene ieri sera. I didn't sleep well last night.
Ieri non **abbiamo av***uto* molto tempo. Yesterday we didn't have much time.

The following verbs which form the perfect tense with **avere** have an irregular past participle. For a fuller list, see the Grammar Summary, page 230.

bere (to drink)	**bevuto**	prendere (to take)	**preso**
conoscere (to know)	**conosciuto**	scegliere (to choose)	**scelto**
dire (to say)	**detto**	trascorrere (to spend)	**trascorso**
fare (to do)	**fatto**	vedere (to see)	**visto**
leggere (to read)	**letto**	vincere (to win)	**vinto**
perdere (to lose)	**perso/ perduto**		

Ha *detto* di no. She said no.
Anna ha *preso* una cioccolata calda. Anna had a hot chocolate.
Hanno *fatto* un bel giro in macchina. They had a good trip in the car.

ACTIVITY 3

Complete the sentences with the past participle of the verb in brackets.

1 Non ho _____ niente. (dire)
2 La settimana scorsa abbiamo _____ un incidente con la macchina. (avere)
3 Io non gli ho mai _____. (credere)
4 La settimana scorsa abbiamo _____ poco. (leggere)
5 Non ti ha _____ stamattina prima di partire? (telefonare)
6 Che cosa avete _____ ieri? (fare)

Now do activities 4 and 5 on the recording.

Where did you go?
Dove siete stati?

ACTIVITY 6 is on the recording.

ACTIVITY 7

Correct the statements which are false.

1 Roberto e Elio sono stati in Inghilterra.   V / F
2 Hanno passato una settimana in Scozia.   V / F
3 A Roberto e Elio è piaciuta di più Londra.   V / F

DIALOGUE 2

○ Roberto, Elio. Ma che bella sorpresa!!

■ Ciao, Tina. Come stai?

○ Bene, ma mi annoio tantissimo!

■ Noi invece siamo ritornati ieri dall'Inghilterra.

○ Hai detto Inghilterra? Che bello! E dove siete stati?

▼ Siamo andati prima a Londra, poi ci siamo fermati una settimana a Cambridge e abbiamo trascorso anche un fine settimana in Scozia, a Edimburgo.

○ È venuta anche Lella?

■ No, Lella è rimasta a casa.

○ E come mai?

■ Perché ha vinto un concorso alle Poste e ha cominciato a lavorare lunedì scorso.

○ Beata lei!! Io ho fatto cinque concorsi e non ho avuto una sola risposta! E quale città vi è piaciuta di più?

▼ Ci sono piaciute tutte. Forse Londra un po' di meno per il traffico, ma ci siamo divertiti molto lì.

VOCABULARY

che bella sorpresa!	what a nice surprise!
annoiarsi	to get bored
tantissimo	so very much
che bello!	how nice!
fermarsi	to stop, to stay
il concorso	*competitive examination for a job*
la risposta	reply
di più	more
un po'	a little
di meno	less

✓ The perfect tense (2)

Most intransitive verbs (verbs which take an *indirect object*) take **essere**, ie verbs indicating movement, reflexive verbs, and others such as **essere**, **diventare**, **piacere**, and **sembrare**.

The past participle is formed as outlined on page 91 for **avere** verbs: however with **essere** the past participle agrees with the subject.

> **Sono andata** a Roma spesso. I've been to Rome often.
> Ci **siamo divertiti** molto. We enjoyed ourselves very much.

The following, which require **essere**, have an irregular past participle.

crescere (to grow)	**cresciuto**
essere (to be)	**stato**
morire (to die)	**morto**
nascere (to be born)	**nato**
piacere (to please)	**piaciuto**
rimanere (to remain, to stay)	**rimasto**
venire (to come)	**venuto**
succedere (to happen)	**successo**

> La bambina **è nata** a marzo. The baby girl was born in March.
> **Siamo venuti** appena possibile. We came as soon as possible.

✓ *di più, di meno*

di più means both 'more' and 'most'; **di meno** 'less' and 'least'.

> Mi piace **di più** sua sorella. I like her sister more.
> Ti è piaciuto **di più** il film su RAI 1?! Did you like the film on RAI 1 the most?!
> Ultimamente ho bevuto **di meno**. Recently I've been drinking less.
> Gli sono piaciuti **di meno** questi. He liked these least.

✓ *Che bella sorpresa!*

Exclamations such as 'What a nice surprise!' are given in Italian using **che**. Note that there is no article (for *bello* see page 173).

> **Che bella giornata!** What a nice day!
> **Che bel viaggio!** What a lovely trip!

ACTIVITY 8

Supply the correct questions to these answers.

1 Siamo usciti alle nove.
2 Tra Aosta e Torino? Mi è piaciuta di più Torino. (lei)
3 Sì, ci siamo fermati anche a Los Angeles.
4 No, non mi sono divertita. Mi sono annoiata molto!
5 I nuovi vicini sono venuti dieci giorni fa.

 Now do activities 9 and 10 on the recording.

Ha appena telefonato

ACTIVITY 11 is on the recording.

ACTIVITY 12

1 Chi aspetta Rita?
2 Dov'è andato Aldo?
3 È partito molto tempo fa Aldo?
4 Che lago ha visto Enzo?
5 Quale festa nazionale si celebra oggi?

DIALOGUE 1

○ Sei già stata in piazza, Rita?
■ No, non ci sono ancora andata. Aldo ha appena telefonato. Arriva fra un po'.
○ Perché, dov'è andato Aldo?
■ Non ti ho detto che ha portato un gruppo di studenti ai laghi?
○ No, e per quanto tempo?
■ Per una settimana. Approfitta del ponte del primo maggio. È partito la sera del 24 e ritorna oggi.
○ Belli i laghi! Io sono stato per un giorno soltanto al Lago Maggiore ma mi è piaciuto tantissimo.
■ Belli sì! Anche a me piacciono moltissimo. Ci vado tutti gli anni per Natale e per Pasqua.
○ Allora vieni in piazza? C'è un corteo per la festa del primo maggio.
■ Certo. Vengo più tardi.

VOCABULARY	
portare	to take
il gruppo	group
per quanto tempo?	for how long?
approfittare (di)	to take advantage (of)
il ponte	*extra day of holiday, sometimes granted to bridge the gap between two holidays*
soltanto	only
tantissimo	very much
il Natale	Christmas
la Pasqua	Easter
il corteo	*people participating in a demonstration*
certo	sure(ly – of course)

✅ *appena* ('just'), *già* ('already'), *non ... ancora* ('not yet')

Note their position when they are used with the perfect tense.

Sono *appena* usciti. They've just gone out.
Elsa **è *già* andata** a casa. Elsa has already gone home.
***Non* ti hanno *ancora* chiamato?** Haven't they called you yet?

✅ *ci*

ci is used to refer to location. It is used to mean 'here/there', although its meaning in English is often understood rather than translated.

Siete mai stati a Parigi? Sì, certo **ci** siamo andati molte volte.
Have you ever been to Paris? Yes of course we've been there many times.
Quando andate a Roma? **Ci** andiamo venerdì.
When are you going to Rome? We're going (there) on Friday.

✅ Time expressions

scorso/a ('last') can come before or after the noun.

La settimana scorsa sono andata a New York per la prima volta.
Last week I went to New York for the first time.

fa ('ago') follows the amount of time, as in English.

Due anni fa mi sono laureato. I got my degree two years ago.

Other useful time expressions

stamattina/stasera	this morning/this evening
ieri mattina/pomeriggio/sera	yesterday morning/afternoon/evening
l'altro ieri	the day before yesterday

ACTIVITY 13

Complete the letter using the words in the box.

> di più   già   non ... ancora   per   già   ci   fa   appena

Cara Tina

Come stai? (1) _____ hai _____ scritto e sono un po' preoccupato.
Hai (2) _____ cominciato il corso? Com'è la famiglia? Io ho (3) _____
visto Marina. Ti saluta. Forse adesso va a Roma (4) _____ un mese e
non a Firenze. Dice che le piace (5) _____ Roma e a Firenze (6) _____
è (7) _____ stata due anni (8) _____. Scrivimi presto.

Tuo Sergio

🔊 Now do activities 14 and 15 on the recording.

Feste tradizionali

Natale and **Pasqua** are the biggest religious holidays (**feste religiose**) in Italy. Exactly how they are celebrated varies from region to region, with different areas having their own particular customs and traditional dishes. It is not customary to send cards to friends and family living close by: instead seasonal greetings (**auguri**) are exchanged in person or on the telephone – **Buon Natale** (Merry Christmas) or **Buona Pasqua** (Happy Easter).

Present-giving at Christmas has become more common, though traditionally this was restricted to children. Children also enjoy **Epifania** (traditionally **la Befana)** (Epiphany), celebrated on 6 January, when **Befana**, an old woman, comes on a broomstick to bring toys (**giocattoli**) to children who have been good and coal to the naughty ones.

Easter celebrations also include a **scampagnata** (picnic in the country) on Easter Monday (**Pasquetta**), weather permitting.

Caro Claudio,

Grazie, grazie e ancora grazie della bella vacanza. Ho trascorso un Natale e un Capodanno così diversi!!

Se penso a Natale … Ancora non capisco come ha fatto tua madre ad alzarsi così presto e a preparare il pranzo di Natale. La notte prima, la vigilia di Natale, siamo tutti andati a letto verso le quattro! Certo quella sera il tempo è volato. Appena tua madre è tornata dalla Messa di mezzanotte abbiamo cominciato subito a giocare a carte e a mangiar noci, mandarini e fichi secchi. Che buoni! Mi è piaciuto anche giocare a tombola. Tu però sei stato proprio cattivo col piccolo Rico. Poverino! Ha cercato per ore il bambin Gesù da mettere nel presepio a mezzanotte.

Io ho decisamente bevuto troppo a Capodanno. Il brindisi di mezzanotte al cenone con i tuoi e poi lo spumante quando noi due siamo andati al veglione. Mangiare salsicce, panettone, torrone. Che bella tradizione! E anche i veglioni sono una bella tradizione! Quando abbiamo deciso di ritornare a casa verso le sei, tutti ballavano ancora!

È stata una vacanza indimenticabile. Mi è sembrato un sogno essere in Italia e passare Natale e Capodanno con te e la tua bella famiglia.
Scrivimi presto.
Ciao
    Tua Hannah

il Capodanno	New Year
pensare a	to think about
preparare	to prepare
la vigilia di Natale	Christmas Eve
volare	to fly
le carte	cards
le noci	walnuts
il mandarino	mandarin
i fichi secchi	dried figs
la tombola	*family game like bingo*
cattivo/a	naughty, wicked
piccolo/a	small, young
il bambin Gesù	baby Jesus
nel presepio	in the crib [*nativity scene*]
decisamente	definitely
il brindisi	toast
il cenone	*abundant supper eaten on New Year's Eve*
lo spumante	sparkling wine
il veglione	*New Year's Eve party*
il panettone	*traditional Italian Christmas cake*
il torrone	*confection similar to nougat*
le salsicce	sausages
la tradizione	tradition
decidere	to decide
ballare	to dance
indimenticabile	unforgettable
il sogno	dream

ACTIVITY 16

Read the letter and for 1–7 find the correct ending from a–g.

1 La vigilia di Natale in Italia

2 Si prepara il presepio

3 In Italia c'è l'abitudine

4 Tipici dolci di Natale e Capodanno

5 Capodanno si celebra con

6 Tradizionalmente i giovani

7 Si saluta l'anno nuovo

a sono il panettone e il torrone.

b una cena chiamata cenone.

c vanno ai veglioni dopo il cenone.

d si gioca a carte e a tombola.

e per celebrare la nascita di Cristo.

f con un brindisi a mezzanotte.

g di andare in chiesa a mezzanotte.

Un amico di troppo

CONFIDENZE FRA AMICHE
A TALK BETWEEN FRIENDS

Forse Roberto è più calmo adesso, spera Stefania.

sperare	to hope
il viaggio	trip
di piacere	pleasure
pensavo che ...	I thought that ...
lo so	I know
lo pensano tutti	everybody thinks that
ma non è così	but it isn't so
non c'è niente	there's nothing going on
la facoltà	faculty
arrabbiato/a	angry
arrabbiarsi	to get angry
spiegare	to explain
l'atteggiamento	attitude
neanche	nor
scortese	rude
sbagliare	to make a mistake

ACTIVITY 17

A Listen to the story. Underline all the past participles which you hear.

chiesto / deciso / visto / detto / fatto / stato / piaciuto / preso / venuto / vinto

B Now list them with their infinitive form.

> *Past participle   Infinitive*

ACTIVITY 18

Listen to the story and correct the mistakes in this summary: there are three of them.

Stefania è tornata cinque giorni fa; non si è divertita molto. Nei giorni scorsi Caterina ha visto Roberto all'università e le è sembrato ancora arrabbiato con Stefania. Stefania dice però a Caterina che Roberto non è il suo ragazzo e non le piace quando si arrabbia. Caterina decide allora di telefonare a Roberto.

STORY TRANSCRIPT

Stefania	Ciao, Caterina. Tutto bene?
Caterina	Sì, sì, grazie. E tu? Quando sei ritornata?
Stefania	Tre giorni fa. Venerdì scorso.
Caterina	Ti sei divertita?
Stefania	No, non mi sono divertita. Non è stato un viaggio di piacere.
Caterina	Oh, scusa. Pensavo che … Beh … Visto che Massimo è venuto con te… allora….
Stefania	Lo so, lo pensano tutti. Ma non è così! Tra me e Massimo non c'è niente.
Caterina	Ma è sempre con te! Io e Roberto non abbiamo ancora capito come mai …
Stefania	Hai visto Roberto?
Caterina	Sì, l'altro ieri, qui in facoltà.
Stefania	Che cosa ti ha detto? È ancora arrabbiato per l'altra sera?
Caterina	No, non è arrabbiato. È triste. Mi è sembrato molto triste! Perché non gli telefoni e gli spieghi tutto?
Stefania	Sì, ma … non mi è piaciuto molto il suo atteggiamento. Massimo non è il mio ragazzo ma neanche lui !!
Caterina	Lo so, è stato scortese, ma ha capito che ha sbagliato. Dai, perché non gli telefoni?
Stefania	Non so, non ho ancora deciso.

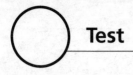

Test

Now it's time to test your progress in Unit 7.

1 Complete the sentences with the appropriate time expression.

> **ieri sera** **stamattina** **ieri** **l'estate scorsa**
> **l'altro ieri** **giorni fa**

1 No, non sono venuto ieri, sono venuto _____ _____ .

2 Sì, è stato qui proprio _____ prima di colazione.

3 Due _____ _____ è stato il nostro anniversario.

4 Abbiamo litigato tutto il giorno: ieri mattina, ieri pomeriggio e _____ _____ .

5 _____ _____ non sono andati al mare ma in collina.

6 No, non oggi! Il mio compleanno è stato _____ .

> 6

2 Put the following sentences into the perfect tense.

1 Mario e Anna escono verso le cinque.

2 Sabato non andiamo a fare il picnic.

3 Tania si sveglia presto.

4 Questo pomeriggio ho molto da fare.

5 Dove passa l'estate, Dottor Bini?

> 5

3 Complete the sentences with the appropriate past participle.

Example: Se hai preso una decisione, hai …**deciso**.

1 Un negozio non aperto è …

2 Se non ha perso, ha …

3 Ho mangiato un panino e … un caffè.

4 Se ha finito il libro, ha … il libro   .

5 Il nonno è morto e il bambino è …

6 Al telefono mi ha detto e per lettera mi ha …

> 6

4 Match 1–6 with the appropriate sentence from a–f.

1 Hai già chiesto a Mario di accompagnarci?
2 Andiamo al mercato come tutti i mercoledì.
3 Mauro mi è sembrato un po' scortese domenica.
4 Preferisci i racconti di Pavese o Moravia?
5 Vorrei andare a fare una bella passeggiata.
6 Quando è finita la riunione (*meeting*)?

a Mi sono piaciuti molto di più i racconti di Moravia.
b Ma io sono stanco. Sono appena ritornato!
c Alle cinque. È durata tre ore!
d No, non gli ho ancora parlato.
e Anche a me. È diventato un po' arrogante.
f Ma non ci siete stati anche ieri?

| 6 |

5 Put the dialogue in order, starting with **d**.

a Ah … E com'è? Io non ci sono ancora stata.
b E allora che cosa hai fatto?
c Ho aspettato Franco quattro ore.
d Dove siete stati sabato sera?
e Molto bello. Ci sono già stata due volte. E tu e Franco siete usciti?
f Al nuovo piano bar.
g Mah! Franco è spesso un po' strano.
h Mi sono preparata e sono uscita da sola.

| 7 |

6 Answer the questions with the help of the prompts in brackets.

1 A che ora vi siete alzati domenica mattina? (10.30)
2 Signora Anselmi, si è divertita alla mostra? (tantissimo)
3 Ti sei riposata ieri pomeriggio? (no – per niente)
4 Si sono addormentati i bambini? (un'ora fa)
5 Ti sei arrabbiato qualche volta con la tua ragazza? (mai)
6 Quando si è sentito male Elio? (dopo pranzo)

| 6 |

TOTAL SCORE | 34 |

If you scored less than 24, go through the dialogues and the Language building sections again before completing the Summary on page 102.

Summary 7

Now try this final test summarizing the main points covered in this unit. You can check your answers on the recording.

How would you:
1 ask a fellow hotel guest if she enjoyed herself?
2 say you arrived yesterday morning?
3 say you spent two weeks in Greece?
4 say 'we went to Orlando last year'?
5 say you were born in London?
6 ask who said 'Eureka!'?
7 say you liked Florence most?
8 say you still haven't been there?

REVISION

Use your holiday photos as a way to practise using **ci** and different time expressions, including **fa** and **scorso/a**. Say in Italian all the different places you have visited and when you went there. Say how long you stayed and what you did when you were there. Practise using **di più** and **di meno** to talk about the highlights of your holiday and the things that you didn't like so much. Use a dictionary for new words and write them down under the relevant headings – it's a good way of expanding your vocabulary.

Review 2

1 Use the clues to find the days, months, and seasons hidden in the grid.

L	I	N	V	P	S	I	V	P	O	F
A	S	H	E	V	U	T	G	Z	W	G
D	O	W	D	I	C	E	M	B	R	E
E	N	D	O	D	Q	M	A	I	Y	N
P	R	I	M	A	V	E	R	A	M	N
H	E	G	E	F	E	C	T	A	S	A
E	V	T	N	R	N	P	E	L	A	I
B	N	E	I	E	E	Z	D	L	B	O
A	I	I	C	U	R	N	I	B	A	L
S	A	P	A	Q	D	U	S	O	T	X
O	C	R	B	G	I	U	G	N	O	A

1 Il primo mese dell'anno.
2 Il giorno prima di domenica.
3 La stagione dopo l'inverno.
4 Il secondo giorno della settimana.
5 Il giorno di riposo.
6 Un mese estivo che comincia con g.
7 Il mese di Natale.
8 La stagione dedicata allo sci.
9 Il giorno dopo giovedì.

2 Find the odd one out in each line.

1 noci / carte / torrone / panettone
2 mezzanotte / brindisi / spumante / giocattoli
3 Pasqua / Epifania / Natale / Capodanno
4 presepio / messa / veglione / bambin Gesù

3 Do the arithmetic and write the totals in full.

Quanto fa …?
1 ventotto + diciotto =
2 cinquanta + ventisette =
3 settantanove + ventidue =
4 centoventitré + duecentoquarantaquattro =
5 seicento + novecentocinquantadue =
6 milleseicentoventi + settecentottantacinque =

LISTENING

4 You'll hear three different sets of directions. Follow these on the map and say where you end up each time.

5 A very attractive cruise in the Mediterranean is being advertised on the radio. Listen to the description of the activities on board and fill in the missing times.

_____ –9.30 colazione
10.00 ginnastica aerobica
_____ gioco dell'aperitivo musicale
_____ – 13.30 pranzo – due turni (2 *sittings*)
14.00 gioco del caffè

15.00 cinema
_____ lezioni di ballo
_____ aperitivo

19.00– _____ cena – due turni
_____ cinema
23.00 discoteca
_____ buffet

6 You couldn't resist the cruise! At the end of your first day on board, it's time to write about everything you've done in your diary. Use the prompts in brackets.

Example: colazione (io – fare) *Ho fatto colazione.*

  1 ginnastica aerobica (io – fare)
  2 gioco dell'aperitivo musicale (noi – fare)
  3 pranzo – due turni (io – pranzare 12.45)
  4 gioco del caffè (tutti – fare – io/no)
  5 cinema (io – vedere)
  6 lezioni di ballo (essere)
  7 aperitivo (io – prendere)
  8 cena – due turni (io – cenare 20.00)
  9 cinema (io /no)
 10 discoteca (io – ballare – un'ora)
 11 buffet (essere)

7 Supply the correct form of the preposition plus article in brackets.

  1 Non si paga molto (**in** + **le**) pensioni italiane.
  2 Il ristorante non si trova a destra ma a sinistra (**di** + **i**) grandi magazzini.
  3 Vorrei tanto andare (**a** + **la**) opera domani!
  4 Il cinema Odeon è molto lontano (**da** + **il**) centro.
  5 La guida vi aspetta alla fermata (**di** + **il**) autobus.

8 Match 1–6 with the correct ending from a–f.

  1 Non ti svegli   a quando sono a scuola.
  2 Fate colazione   b lavoro prima degli altri.
  3 All'una mangio   c mai prima delle nove!
  4 Di solito in vacanza ci   d adesso o preferite lavarvi prima?
  5 Si annoiano spesso   e addormentiamo verso le due di notte.
  6 Ogni giorno arrivo al   f un panino veloce al bar.

9 Complete the sentences using the words in the box.

> perché come   dove   quando
> che cosa   quale chi   quanto

  1 _____ andiamo al teatro?
  2 Per _____ tempo hai abitato a Milano?
  3 _____ fanno la domenica i tuoi figli?

4 _____ Maurizio non viene mai con te alle feste?
5 _____ avete deciso di andare in estate?
6 _____ ristorante preferite, 'Da Giovanni' o 'La buona cucina'?
7 _____ è quella ragazza che hai incontrato in centro la settimana scorsa?
8 _____ mai sono già usciti?

 SPEAKING

10 You're out for the evening with your friend Franco. First prepare your responses in writing, then join in on the recording. Try to do it without looking at your notes.

You	Say 'Shall we go into this bar?'

Franco	Sì, questo bar va bene.
You	Ask your friend if he likes beer.

Franco	No, preferisco il vino.
You	Ask if he'll have a glass of wine.

Franco	No, grazie. Un gelato al cioccolato, per favore.
You	Now order from the waiter a chocolate ice-cream and a mineral water for you.

Cameriere	Desidera altro?
You	Say no thank you and ask how much it is.

11 Someone you've just met at a party is asking you about your holiday. Before switching on the recording, prepare your answers. You'll be asked about the following things (though not necessarily in this order):

– where you went
– when you went
– how long you stayed
– how you got there
– what you saw
– what you liked best
– whether you enjoyed yourself

Let's make it tonight at 8
Facciamo stasera alle 8

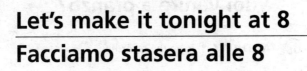

> ## OBJECTIVES
>
> In this unit you'll learn how to:
>
> ✓ give and accept invitations
>
> ✓ arrange to meet
>
> ✓ say you're unavailable
>
> ✓ talk about the weather
>
> ✓ deal with public transport
>
> And cover the following grammar and language:
>
> ✓ the irregular verbs **potere** ('to be able to'), **dovere** ('to have to'), and **volere** ('to want to')
>
> ✓ direct object pronouns (1): **mi**, **ti**, … ('me', 'you' …)

LEARNING ITALIAN 8

You can't master all new vocabulary at once, so focus on the words and phrases that are most useful to you. The best way to memorize vocabulary is to use it. Practise using it in sentences in your head and by speaking the words and sentences aloud. Talk to yourself in the car or in the bath and you'll soon become confident enough to speak to native Italian speakers.

Try recording yourself speaking whenever you can – especially when doing the pronunciation practice activities. Make sure you imitate the rhythm and intonation of the whole sentence as well as the pronunciation of individual words.Compare your pronunciation with the master version, see how you can do better, and have another go. You will find you improve each time you do it.

Now start the recording for Unit 8.

8.1 Do you want to come for lunch?
Vuoi venire a pranzo?

ACTIVITY 1 is on the recording.

ACTIVITY 2

Correct the statements which are false.

1 Francesca non vive a Roma.	V / F
2 Anna non può vedere subito Francesca.	V / F
3 Francesca non è libera stasera.	V / F
4 Davide arriva a casa presto.	V / F
5 Tutti vanno al ristorante.	V / F

DIALOGUE 1

○ Pronto?

■ Pronto, Francesca. Sono io, Anna.

○ Ciao. Ma sei qui a Roma?

■ Sì, sì. Sono arrivata ieri sera e ho pensato di chiamarti.

○ Ma certo. Perché non vieni a casa e chiacchieriamo un po'?

■ Subito non posso – devo vedere uno o due clienti. Perché invece non andiamo a cena fuori e così può venire anche Davide?

○ Stasera, non è possibile. Abbiamo già un impegno. Dobbiamo incontrarci con un collega di Davide.

■ Allora domani sera. Vengo a prendervi verso le otto.

○ Facciamo alle otto e mezzo. Qualche volta Davide ritorna tardi dal lavoro. Vuoi andare al Boschetto?

■ Al Boschetto?! Sì, volentieri.

○ Va bene. Allora ci vediamo domani alle otto e mezzo.

VOCABULARY

chiacchierare	to chat
devo	I must
il cliente	client
dobbiamo	we must
l'impegno	engagement
facciamo	let's make it
vuoi	you want
volentieri	with pleasure/I'd love to
ci vediamo	we'll see each other

✓ *potere, dovere,* and *volere* (1) – irregular verbs

These verbs are followed by the infinitive.

	potere – to be able to	dovere – to have to	volere – to want to
(io)	posso	devo	voglio
(tu)	puoi	devi	vuoi
(lui/lei; lei)	può	deve	vuole
(noi)	possiamo	dobbiamo	vogliamo
(voi)	potete	dovete	volete
(loro)	possono	devono	vogliono

Non devi alzarti presto? Don't you have to get up early?
Volete rimanere ancora un po'? Do you want to stay a little longer?

✓ Making arrangements

Usciamo/Perché non usciamo? Shall we/Why don't we go out?
Vuoi/ vuole/ volete venire con noi? Do you want to come with us?
Facciamo da Gino verso le sei. Let's make it at Gino's around six.

sì, grazie	yes, please	no, grazie	no, thanks
va bene/d'accordo	OK	mi dispiace, ma …	I'm sorry,
volentieri	I'd love to		but …
perché no?	why not?		

✓ Direct object pronouns (1)

me	mi	us	ci
you	ti	you	vi
him/her; it; you [*formal*]	lo/la; la	them	li/le

Direct object pronouns in Italian may come before the verb (or before **avere / essere** in compound tenses) or are attached to the infinitive.

Vi abbiamo visto alla festa. We saw you at the party.
Lo devo vedere./Devo **vederlo**. I must see him.

ACTIVITY 3

Complete the sentences with the correct form of the verb.

1 Oggi non _____ perché ho un impegno. (potere)
2 _____ andare in pizzeria o preferite stare a casa?
  (volere)
3 _____ andare a Bari per lavoro. (dovere – noi)
4 Dottor Martelli, _____ venire qui un attimo? (potere)
5 Se _____ uscire, ritorniamo più tardi. (volere – loro)

🎧 Now do activities 4 and 5 on the recording.

Volete venire anche voi?

ACTIVITY 6 is on the recording.

ACTIVITY 7

Correct the statements which are false.

1 Oggi c'è il sole.   V / F
2 Michela e il marito sono stati fuori domenica.   V / F
3 Lorenza ha dodici anni.   V / F
4 I genitori di Lorenza vogliono fare una festa.   V / F
5 Michela e il marito non possono andare alla festa. V / F

DIALOGUE 2

○ Che tempo pazzo! Oggi c'è il sole e fa caldo …
■ … e ieri ha piovuto! Siete stati a Spello domenica?
○ No, non ci siamo potuti andare. Ti ricordi? Anche
   domenica ha piovuto tutto il giorno.
■ È vero! Che cosa avete fatto, allora?
○ Niente. Michela non è voluta uscire, così sono dovuto
   rimanere tutto il giorno a casa anch'io.
■ Domenica prossima Lorenza fa dodici anni. Vuole fare
   una festa e invitare i suoi amici a casa. Così io ed Emilia
   abbiamo dovuto cominciare a preparare per la festa.
○ Se fa bel tempo, possono ballare in terrazza. Chissà!
■ Speriamo! Volete venire anche voi? Sì, dai!
○ Mah, non so. Se non piove forse sì.
■ D'accordo. Allora se il tempo è bello vi aspetto.

VOCABULARY

che tempo pazzo!	what crazy weather!
fa caldo	it's hot
piovere	to rain
niente	nothing
bel tempo	nice weather
la terrazza	terrace
speriamo	let's hope so
il tempo	weather

✓ *potere, dovere,* and *volere* (2)

potere, dovere, and **volere** have regular past participles: **potuto, dovuto, voluto.** The perfect tense is formed with **avere** or **essere,** depending on *the verb* which follows **potere/dovere/volere.** However, the use of **avere** to form the perfect tense of these verbs is increasingly common.

Abbiamo potuto leggere solo una pagina. We were able to read only one page.
Ho dovuto prendere la macchina. I had to take the car.
Non **hanno voluto ritornare** con noi. They didn't want to come with us.
Non **è/ha potuto andare** a letto presto. He wasn't able to go to bed early.

✓ *Che tempo fa?* ('What's the weather like?')

Fa/È caldo/freddo.	It's hot/cold.
Fa/È bel/brutto tempo.	It's nice/horrible (weather).
È una bella giornata.	It's a lovely day.
È nuvoloso.	It's cloudy.
C'è vento.	It's windy.
C'è nebbia.	It's foggy.
C'è il sole.	The sun is shining.
Piove.	It's raining.
Nevica.	It's snowing.
Ha piovuto molto ieri notte.	It rained a lot last night.

ACTIVITY 8

Complete the sentences by putting the verbs in brackets in the perfect tense.

1 Ieri mattina io e Marcello _____ uscire molto presto. (dovere)
2 Angela non _____ andare in piscina la settimana scorsa. (potere)
3 I bambini non _____ prendere il gelato. (volere)
4 Sabato _____ rimanere in casa. (dovere – io)
5 Lisa _____ partire in macchina. (volere)
6 Perché _____ prendere l'autobus martedì sera? (dovere – tu)

🎧 Now do activities 9 and 10 on the recording.

8.3 Single or return?
Andata o andata e ritorno?

🔊 **ACTIVITY 11** is on the recording.

ACTIVITY 12

1 How do Renata and her husband want to celebrate their anniversary?
2 How long do they want to stay?
3 When does the **interregionale** arrive?
4 Which train do they finally decide on and why?

DIALOGUE 3

○ Renata, la settimana prossima è il nostro anniversario. Perché non andiamo via per qualche giorno? Vuoi ritornare a Ovindoli?

■ Oh, sì! Mi è piaciuta tanto.

○ Anche a me. Partiamo venerdì e ritorniamo domenica?

■ Sì, ma andiamo in treno – così possiamo rilassarci.

○ Ho già telefonato alla stazione. Il venerdì per L'Aquila c'è l'interregionale alle 15.30 o l'intercity alle 16.10.

■ A che ora arriva l'interregionale a L'Aquila?

○ Verso le 18.50 perché non è diretto. Dobbiamo cambiare a Rieti e aspettare la coincidenza.

■ Per arrivare a Ovindoli è un po' tardi. E l'intercity?

○ L'intercity arriva alle 17.45 perché è un rapido e non si deve cambiare.

■ Ma con l'intercity si deve pagare il supplemento, no?

○ Sí. Ma è il nostro anniversario. Non importa!

VOCABULARY

l'anniversario	anniversary
andare via	to go away
l'interregionale	*type of train running between regions*
l'intercity	*fast train with few stops*
cambiare	to change
la coincidenza	connection
rapido/a	fast; [*here =*] *a fast train*
il supplemento	supplement

⊘ Useful expressions for travelling

Quanto costa un biglietto di andata/andata e ritorno? How much does a single/return ticket cost?

Vorrei un biglietto di prima/seconda classe. I want a first/second class ticket.

Quando parte il primo/prossimo treno per ...? When does the first/next train for ... leave?

Vorrei prenotare una cuccetta. I'd like to reserve a couchette.

È in orario? Is it on time?

Ha 20 minuti di ritardo. It's 20 minutes late.

È diretto o devo cambiare? Is it direct or do I need to change?

Ferma a ... ? Does it stop at ... ?

Da quale binario parte il treno per ...? From which platform does the train for ... leave?

A quale binario arriva...? Which platform will it arrive at?

È in partenza dal binario ... Departing from platform ...

È in arrivo al binario ... Arriving at platform ...

Da dove parte il pullman per ... ? Where does the coach for ... leave from?

È questo il treno per Roma? Is this the train to Rome?

Ci sono sconti per bambini/giovani/anziani? Are there reductions for children/young people/OAPs?

la coincidenza connection

la prenotazione reservation

il supplemento supplement

Qual è l'uscita per il volo ... ? Which is the gate for flight ... ?

ACTIVITY 13

Complete the sentences using the words in the box.

> vorrei cambiare da andata
> prossima quanto costa

1 _____ quale binario parte il treno per Firenze?
2 _____ due biglietti di seconda classe per Roma Termini.
3 Per Alessandria deve _____ a Torino.
4 A che ora arriva la _____ coincidenza per Ancona?
5 _____ il biglietto di prima classe per Napoli Centrale?
6 _____ o andata e ritorno?

🔊 Now do activities 14 and 15 on the recording.

8.4 Travelling

In viaggio

ACTIVITY 16

Read the magazine article about train travel in Italy and answer the following questions.

1 Come si chiama chi viaggia ogni giorno per lavoro?
2 Perché gli italiani preferiscono il treno o il pullman?
3 Dove si possono comprare i biglietti?

Anche se la macchina è il mezzo di trasporto più usato dagli italiani, i treni e i pullman rimangono quelli più economici, specialmente per i pendolari. Le Ferrovie dello Stato hanno sempre dato un buon servizio ai viaggiatori. I treni sono generalmente puntuali. Con i nuovi **distributori automatici** e la vendita di biglietti anche in tabaccheria ci sono code meno lunghe alle biglietterie. Recentemente sono stati introdotti due nuovi tipi di treno l' **Eurocity** che unisce le principali città europee e l' **Eurostar** che è come un aereo – è molto veloce e viaggia senza fermarsi fra grandi città italiane. I treni hanno anche cambiato nome, e a volte c'è confusione perché si usano ancora i vecchi nomi.

FS PRENOTAZIONE POSTI RESERVATION DE PLACES ASSISSE · 83

POSTI ASSEGNATI

0500001210000055500110306007 16

IMPORTO €	3	⏱	CLASSE	🚃	NUMERI DEI POSTI/NUMEROS/NUMEROS DES PLACES		
					FINESTRINO COIN FENETRE	MEDIANO PLACE MILIEU	MEDIANO PLACE MILIEU
1	6	2335	⚡ Ⴈ ✕	6	31		
8300630323	716	ROMA TERMINI MILANO C.LE				☐ ☐	

FS BIGLIETTO EMESSO DALLA STAZIONE DI **RIMINI**

DI FALCONARA MARITTIMA

A ROMA TERMINI

VIA

B /05814/ 0

05814

-KM INSERITI

1	CS	C1	1	0	15/11/00	**	15/11/00	526
286		SUPPLEM. RAPIDO				** 3,40€		

Regionale (il vecchio **Locale**) – treno molto lento.
Interregionale (il vecchio **Diretto**) – treno con meno fermate.
Espresso (il vecchio **Direttissimo**) – treno più veloce.
Intercity (il vecchio **Rapido**) – treno con poche fermate.

il pendolare	commuter
le Ferrovie dello Stato	Italian state railways
il viaggiatore	traveller
il distributore automatico	ticket machine
la vendita	sale
la coda	queue, line
la biglietteria	ticket office
introdurre	to introduce
il tipo	type
unire (-isc-)	to join
la confusione	confusion
vecchio/a	old
lento/a	slow
veloce	fast

ACTIVITY 17

Look at the train tickets and complete the following conversations with the correct expressions from the box.

prima classe   giugno   supplemento   prenotazione

1 Sull'Intercity per Roma Termini si deve pagare il _____.
2 La _____ per Milano Centrale costa 1 euro.
3 Sì, vorrei prenotare il biglietto da Roma per il 3 _____.
4 No, 3,40 euro è il prezzo del supplemento per la _____.

UNA SORPRESA PER LA NONNA
A SURPRISE FOR GRANDMA

Roberto e sua sorella decidono di organizzare una sorpresa
per il compleanno della nonna.

il compleanno	birthday
la sorellina	little sister [*term of endearment*]
ripassare	to revise, to review [*for exams*]
gli esami	exams
farle una sorpresa	to surprise her
organizzare	to organize
il progetto	project
per questa ragione	for this reason
lo studio	practice [*here* lawyer's practice]
il processo	trial
senza	without
ma che c'entra!	that's not what I mean! [*idiomatic*]
accompagnare	to accompany

ACTIVITY 18

Listen to the story and answer the following questions.

1 Why isn't Roberto free on Tuesday night?
2 For what special event does Giulia want to organize the
   party?
3 Where and at what time does Roberto want to meet
   Giulia?
4 What does Giulia have to do tomorrow?
5 Will Giulia's husband go with her?
6 Why does she suggest Roberto arrive at 10?

ACTIVITY 19

Listen to the story again and complete the summary using
the words in the box.

> andare compleanno fa
> la festa studio deve

Giulia, la sorella di Roberto, vuole preparare una
_____ per il _____ della nonna. Roberto
pensa di andare allo _____ di Giulia per parlare

dell'idea, ma Giulia _____ partire per lavoro.
_____ l'avvocato e deve _____ a Roma per
un processo. Roberto pensa allora di accompagnar___
all'aeroporto.

STORY TRANSCRIPT

Giulia	Pronto, Roberto. Sono io, Giulia.
Roberto	Ciao, sorellina. Come va?
Giulia	Benissimo, grazie. Senti. Sei libero martedì sera?
Roberto	Sì, credo. Oh, no. Martedì sera, no. Io e Paolo dobbiamo cominciare a ripassare per gli esami. Perché?
Giulia	Voglio parlarti di un'idea che ho avuto. Ti ricordi che a marzo è il compleanno della nonna?
Roberto	Certo. Fa 90 anni, no?
Giulia	Sì, e vorrei farle una sorpresa. Organizzare una festa tutta per lei.
Roberto	Il progetto mi piace. Dove vuoi farla la festa?
Giulia	Non so. Vorrei parlare con te per questa ragione, per decidere dove, che cosa preparare, chi invitare …
Roberto	D'accordo. Allora perché non ci vediamo domani al tuo studio verso l'una, pranziamo insieme e parliamo.
Giulia	Eh no, domani non posso. A mezzogiorno parto per Roma. Ho un processo importante e devo anche prepararmi.
Roberto	Viene anche Giancarlo con te?
Giulia	No, perché? Una donna non può partire senza il marito?
Roberto	Ma che c'entra?! No, pensavo … Se vuoi ti accompagno all'aeroporto e così parliamo. A che ora parte l'aereo?
Giulia	Buona idea. Il volo è alle 12.15, ma devo arrivare un'ora prima per fare il check-in.
Roberto	Va bene. Allora passo a prenderti alle 10.30.
Giulia	Facciamo alle 10. Perché se arrivi in ritardo o c'è traffico …

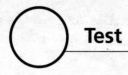

Test

Now it's time to test your progress in Unit 8.

1 Complete the sentences with the correct words from the box.

> può volete possiamo facciamo
> dobbiamo devo

1 _____ rimanere a casa, perché aspetto Marco.
2 Oggi Maria non _____ venire perché sta male.
3 No, non alle tre. _____ alle quattro. Così sono certamente a casa.
4 _____ prima andare in banca, poi se il tempo è bello facciamo un giro.
5 Abbiamo già un impegno. Non _____ .
6 _____ prendere un aperitivo o dovete ritornare subito a casa?

| 6 |

2 Put the following sentences into the past. (2 points for each sentence)

1 Devo andare a fare la spesa stamattina.
2 Vuole fare colazione alle undici.
3 Non possiamo telefonare stasera.
4 Dovete uscire presto sabato?
5 Vogliono prendere la metropolitana non l'autobus.

| 10 |

3 Complete the sentences with the correct direct object pronoun.

1 ___ viene a prendere Enzo o ritorni da sola? (tu)
2 ___ vuole chiamare lei domani, o la chiamo io? (lei)
3 Non potete lasciar ___ qui. Siamo troppo lontani. (la macchina)
4 Puoi tener ___! È tua. (la piantina)
5 ___ devi bere subito. Il tè è buono quando è caldo.
6 ___ abbiamo visto quando siete entrati. (voi)

| 6 |

4 Find the right answer from a–e to each question 1–5.

1 Perché non facciamo una passeggiata?
2 Vuole rimanere a cena con noi?
3 Volete uscire più tardi?
4 Vuoi venire anche tu da Sara?
5 Andiamo a prendere un gelato?

a Non possiamo, dobbiamo ancora finire i compiti (*homework*).
b Grazie mille, ma stasera proprio non posso.
c Perché no? È molto che non la vedo.
d D'accordo. A che ora venite a prenderci?
e Sì, volentieri. Andiamo al Bar Paradiso.

5

5 Complete the sentences by matching the two halves.

1 Ieri ha fatto	a è difficile tenere aperto l'ombrello.
2 L'anno scorso ha nevicato	b ci piace stare in terrazza.
3 Se c'è vento	c molto caldo qui in città.
4 Piove sempre molto a	d poco a Cortina.
5 Quando c'è il sole	e Londra in autunno.

5

6 Reorder the dialogue. Start with **e**.

a Alle 16.10, se prende la coincidenza alle 14.00.
b No, guardi. Per i biglietti deve andare alla biglietteria, qui di fronte.
c Allora. Due. C'è l'espresso delle 7.25 e l'interregionale delle 10.40.
d E a che ora arriva l'interregionale a Reggio?
e Buongiorno. Quanti treni ci sono di mattina per Reggio Calabria?
f Con l'interregionale deve cambiare a Battipaglia.
g Va bene. Mi dà tre biglietti di andata e ritorno, seconda classe, per favore?
h Sono tutti e due diretti?

7

TOTAL SCORE 39

If you scored less than 29, go through the dialogues and the Language Building sections again before completing the Summary on page 120.

Summary 8

 Now try this final test summarizing the main points covered in this unit. You can check your answers on the recording.

How would you:
1 suggest going for a walk?
2 say you can't come because you need to be at home at 7 o'clock?
3 say if the weather is nice, you'd like to go to the seaside?
4 ask two friends if they want to watch TV?
5 say it's a lovely day today?
6 say that you and your wife can't go to the theatre tonight?
7 say Signor and Signora Longhi had to take the intercity train?
8 say you'd like 2 return tickets to Ferrara?

REVISION

Whatever arrangements you make during the week, imagine what you would say in Italian. Get used to saying **mi dispiace** before explaining the reasons for your unavailability.

Practise giving the weather in Italian whenever you watch or hear a weather forecast. Look at the forecast in the weekend paper and say what the weather's like in all the major cities in the world to practise all the weather vocabulary you know.

I'd like a less expensive one
Ne vorrei uno meno caro

OBJECTIVES

In this unit you'll learn how to:

- ✓ shop for food, clothes, and presents
- ✓ ask for items
- ✓ ask for prices
- ✓ express quantities
- ✓ describe items (colour, size, material, etc.)

And cover the following grammar and language:

- ✓ **di** + the definite article and **qualche** to express quantities
- ✓ the pronoun **ne** to refer to quantities
- ✓ **da** + the definite article to refer to places
- ✓ more on the direct object pronoun
- ✓ **quello** (that (one)')
- ✓ **che** ('which', 'that')
- ✓ the comparative and superlative

LEARNING ITALIAN 9

All the units in the book try to recreate real situations, which means you can bring to learning Italian your own knowledge to help you predict what will be said or use your experience to guess when there are gaps in your understanding. It is inevitable, particularly at the beginning, that you will encounter words and phrases you won't know: the important thing is to develop strategies for coping when this happens. Don't stop listening or you'll lose the thread of the conversation. Very often the meaning of new words becomes apparent in the broader context.

 Now start the recording for Unit 9.

Due etti per favore

ACTIVITY 1 is on the recording.

ACTIVITY 2

Correct the statements which are false.

1 La figlia di Gabriella vuole andare al
  supermercato.   V / F
2 Gabriella deve andare anche dal fornaio.   V / F
3 Gabriella vuole mezzo chilo di pesche.   V / F

DIALOGUE 1

○ Prima di tornare a casa, dobbiamo comprare un po' di
  frutta … delle cipolle e qualche melanzana.

■ Perché invece di andare dal fruttivendolo, non
  compriamo tutto al supermercato?

○ Lo sai che non mi piace comprare la frutta al
  supermercato. Senti! Perché invece non vai tu dal
  fruttivendolo e così io ho tempo di andare anche dal
  fornaio e in macelleria.

■ Va bene. Che cosa vuoi?

○ Un chilo di pesche e mezzo chilo di cipolle.

■ D'accordo. Quando vai in macelleria, prendi anche due
  etti di carne macinata. E di melanzane, quante ne prendo?

○ Due, no tre. Ne devo usare una anche per la pasta.

■ Bene, allora a dopo. Ci vediamo a casa verso le 12.30.

VOCABULARY	
un po' di	some
la cipolla	onion
qualche	some
la melanzana	aubergine, eggplant
il fruttivendolo	greengrocer's, fruit and vegetable store
il supermercato	supermarket
il fornaio	baker's
la macelleria	butcher's shop
la pesca	peach
ne	of it, of them
il chilo/kg	kilo
l' etto	Italian equivalent to 100 grams
la carne macinata	minced beef, ground beef

✓ Expressing quantities

di + the definite article is used for quantities bought by weight or measure. Remember to combine **di** with the article (**del, dell', della**, etc.).

> Vorrei **delle olive. / del prosciutto crudo. Due etti e mezzo**, per favore. I'd like some olives. / some Parma ham. 250g, please.

Qualche + a noun in the singular is used for items bought by number.

> Mi dà **qualche lattina** di aranciata. **Due**, per favore. Give me some cans of fizzy orange. Two, please.

✓ The pronoun *ne* ('of it', 'of them')

The pronoun **ne** is used to refer to quantity. It is used to mean 'of it' or 'of them'. It often isn't translated in English.

> **Mi dà qualche mela. – Quante ne vuole?** I'd like some apples. – How many do you want (of them)?
> **Vorrei dei pomodori. – Quanti ne vuole?** I'd like some tomatoes. – How many do you want (of them)?

✓ Referring to places with *da* and *in*

To say you're going to a shop, you use **in** + the name of the shop.

> Sei andato **in farmacia / in drogheria / in pasticceria**? Have you been to the chemist's / delicatessen / patisserie ?

da + name of a person means 'to ... 's'. With the definite article is used to refer to the shopkeeper or doctor, etc.

> Non sono ancora andata **da** Paola. I haven't been yet to Paola's.
> Andate **dal** giornalaio / **dal** salumiere? Are you going to the newsagent's/delicatessen?
> Devo andare **dal** dentista. I must go to the dentist's.
> Vado **dal** pescivendolo. I am going to the fishmonger's.

ACTIVITY 3

Complete the sentences with the correct word/phrase from the box.

> | dello   qualche   un po' di   etti   ne |

1 _____ compro sempre due chili perché piace a tutti.
2 Mi dà anche _____ parmigiano, per favore.
3 Ho preso _____ bottiglia di coca-cola.
4 Compriamo anche _____ zucchero o ne hai già?
5 Quanti _____ vuole di prosciutto crudo?

🔊 Now do activities 4 and 5 on the recording.

Does it suit me?
Come mi sta?

ACTIVITY 6 is on the recording.

ACTIVITY 7

1 Il commesso dice a Elsa: **a** 'Lei sta bene' **b** 'Le sta bene'.
2 La giacca è   **a** di lana verde **b** di lino verde.
3 La giacca costa   **a** 110 euro **b** 120 euro.

DIALOGUE 2

○ Buongiorno. Prego, desidera?
■ Vorrei vedere la giacca verde a quadri in vetrina.
○ Certo. Che taglia porta?
■ Di solito la 42, ma dipende …
○ Benissimo. Eccola. Vuole provarla?
■ Sì, grazie … Come mi sta, Marina?
▼ Bene, ma forse un po' stretta!
○ Ma no, … è di moda così, signora! Le sta davvero bene.
■ È di puro lino? Quanto costa?
○ 100% lino. La giacca è in svendita. Con lo sconto costa solo 110 euro.
■ Un po' cara, ma è molto bella … D'accordo la prendo. Posso pagare con la carta di credito o con un assegno?

VOCABULARY	
prego, desidera?	can I help you?
la giacca	jacket
verde	green
a quadri	checked
la vetrina	shop window
che taglia?	what size?
provare	to try on
come mi sta?	does it suit me?
stretto/a	tight
di moda	fashionable
le sta bene	it suits you
di puro lino	pure linen
in svendita	in the sale
lo sconto	discount
caro/a	expensive
la carta di credito	credit card
l'assegno	cheque

✓ *fare spese*

Di che cosa è (fatto)?	What is it made of?
di lana.	It's made of wool.
di cotone.	cotton.
di seta.	silk.
di pelle/cuoio.	leather.

Le scarpe **di camoscio** sono comode. The suede shoes are comfortable.
I maglioni **d'angora** sono morbidi. The angora jumpers are soft.
Che taglia porta? What size are you [*in clothes*]?
Che numero porta? What size are you [*in shoes*]?

Che colore desidera? What colour are you looking for?

arancione	orange	**crema***	cream	**marrone**	brown
rosso	red	**bianco**	white	**giallo**	yellow
nero	black	**verde**	green	**blu***	blue
grigio	grey	**rosa***	pink	**viola***	purple

Colours follow the noun and agree with it. Those marked * don't.

Ho comprato due cinture nere. I bought two black belts.
I guanti viola sono di velluto. The purple gloves are made of velvet.

✓ Direct object pronouns (2)

'It' and 'them' are **lo / la** and **li / le** and their positioning follows the same rules as the other direct object pronouns (see LB 8.1).

Le camicie – le prendo. The shirts – I'll take them.
La borsa – Sì, vorrei **comprarla.** The handbag – yes, I'd like to buy it.
La vorrei proprio comprare. I'd really like to buy it.

✓ *mi sta bene* ('it suits me')

Note that **stare bene** ('to suit') is used in the same way as **piacere**.

Questa maglietta fantasia **ti sta bene.** This patterned top suits you.
Questi pantaloni non **gli stanno bene.** These trousers don't suit him.

ACTIVITY 8

Match 1–6 with the correct response from a–f.

1 Posso vedere la sciarpa a   a La quaranta.
   quadri in vetrina?
2 Che taglia porta?   b Sì, ma un po' meno cara.
3 Ha questi pantaloni in nero?   c Posso provarlo?
4 43 euro.   d Certo. Grigia, o beige?
5 Abbiamo anche quest'altro.   e No, li ho solo in verde.
6 La vuole di vero cuoio?   f Con o senza sconto?

🎧 Now do activities 9 and 10 on the recording.

Cassettes are cheaper
Le cassette sono meno care

ACTIVITY 11 is on the recording.

ACTIVITY 12

Correct the statements which are false.

1 Il primo libro è troppo caro per il cliente. V / F
2 Le video cassette sono meno economiche. V / F
3 Il cliente riceve un regalo. V / F
4 Il cliente vuole pagare con un traveller's cheque. V / F

DIALOGUE 3

○ Buongiorno. Desidera?

■ Buongiorno. Devo fare un regalo. Cerco qualcosa sull'Italia.

○ Certo. Un momento. Ecco, c'è questo libro.

■ Bello. Quanto costa?

○ 38 euro.

■ No, è un po' caro.

○ Allora, c'è quello blu lì a destra. Vede? Sì quello.

■ E quanto costa quello? È meno caro?

○ Sì, costa solo 23 euro. Poi ci sono anche delle videocassette. Generalmente le videocassette sono più economiche dei libri.

■ Ah, sì! Quanto costa quella?

○ Vendiamo tutte e tre le cassette per 25 euro e con quel set le regaliamo anche l'astuccio di pelle che c'è accanto.

■ Davvero un buon affare. Accettate i travel cheque?

VOCABULARY

il regalo	present
meno caro	less expensive
più economico di	cheaper than
la videocassetta	video
tutte e tre	all three
regalare	to give away, to give as a present
l'astuccio	case, holder
il buon affare	bargain
accettare	to accept
i travel cheque	traveller's cheques

✓ *quello* ('that (one)')

quello used as a pronoun takes the usual adjective endings; however, before a noun, takes the same endings as the definite article.

singular **quel, quello, quell', quella**
plural **quei, quegli, quelle**

> **Quegli** orologi Swatch sono scontati? No, non questi. **Quelli** a destra.
> Are those Swatch watches reduced, too? No, not these. Those on the right.

✓ *che* ('which', 'that')

'which' or 'that', when used to refer back to something earlier in the sentence, is translated by **che**.

> Vorrei vedere lo zainetto giallo **che** è in vetrina. I'd like to see the small yellow rucksack that is in the shop window.
> Il quadro **che** ho comprato a Roma è veramente un capolavoro. The painting which I bought in Rome is a real masterpiece.

✓ The comparative and superlative

When **di** is followed by a definite article, use the combined form (**del**, etc.).

più ... di	more ... than
meno ... di	less ... than
(tanto) ... quanto/come	as/so ... as

> Giulia è **più alta di** Eva. Giulia is taller than Eva.
> Il treno è **meno veloce dell**'auto. The train is less fast than the car.
> Quegli orecchini sono **cari come** quella borsa. These earrings are as expensive as that handbag.

The superlative is formed by adding the definite article before the comparative.

> È **la più simpatica della** classe. She's the nicest in the class.

ACTIVITY 13

Write complete sentences using the prompts.
Example: prosciutto crudo / caro / prosciutto cotto
Il prosciutto crudo è più caro del prosciutto cotto.

1 musica pop / tradizionale / musica classica
2 treni espressi / veloci / regionali
3 Martini / forte / brandy
4 New York / abitanti / Pisa
5 primavera / calda / estate

🎧 Now do activities 14 and 15 on the recording.

Italian taste

Il gusto degli italiani

ACTIVITY 16

Read the following magazine article about Italian taste and answer these questions.

1 What two things do the Italians do very carefully?
2 What are Italian apartments like?
3 Why are Italians so particular about clothes and homes?

> Arte, moda, casa: l'Italia è famosa per il suo senso estetico. Due cose gli italiani amano fare con cura: vestirsi alla moda e arredare bene la casa. Con la stessa attenzione con cui scelgono gli abiti e le scarpe scelgono l'arredamento della casa. Gli appartamenti non sono solo puliti e ordinati, ma anche belli, e pieni di oggetti di buon gusto.
>
> Gli italiani curano molto il loro abbigliamento e la loro casa non solo per se stessi ma anche per gli altri. Per gli italiani è infatti molto importante *fare bella figura*, cioè essere ben accettati, piacere agli altri, dimostrare di avere buon gusto e attenzione ai dettagli.

A Z I E N D A   M O R E L L O

Una stupenda creazione in ceramica di Capodimonte dell'Azienda Morello di Napoli

F. LLI GAMBINO s.n.c.

GAMBINO

Vasi in terracotta artigianali
Ceramiche artistiche

S. STEFANO DI CAMASTRA (ME)
Stab.: c. Da Castagna
0921 331 567

Ti̇P-TAP

ABBIGLIAMENTO UOMO DONNA BAMBINO

Delle Migliori Marche   **MOSCHINO**

L'ORA DELLA MODA   Marlboro Classics

Yves Saint Laurent   VALENTINO   ungaro

GR
CASTELFORTE

~sede unica~

• *argenteria Modelli in esclusiva*
• *cristallo*
• *porcellane*

✓ **BOMBONIERE**
✓ **LISTE NOZZE**
✓ **ARTICOLI DA REGALO**

SERVIZIO A DOMICILIO!!

IL PERUGINO SALUMI   ALIMENTARI   *Specialità umbre*

PAGAMENTO ANCHE CON CARTA VISA E BANCOMAT

l'arte	art
alla moda	fashionable
famoso/a	famous
il senso estetico	aesthetic sense
la cura	care
arredare	to furnish
se stesso/a	oneself
l'attenzione	attention
scegliere	to choose
l'abito	dress
l'arredamento	furnishings
pulito/a	clean
ordinato/a	tidy
cioè	that is
gli oggetti	objects
il buon gusto	good taste
curare	to look after
fare bella figura	to give a good impression of oneself
dimostrare	to show
i dettagli	details
l'abbigliamento	clothing
la marca	brand
gli articoli da regalo	presents
gli alimentari	food items
(in) contanti	cash

ACTIVITY 17

Correct the statements which are false.

1 Da Gambino si comprano oggetti dipinti a mano.   V / F
2 All'azienda Morello si trovano ceramiche raffinate. V / F
3 Al Perugino si paga solo contanti. V / F

ACTIVITY 18

Complete the sentences with the words in the box.

> articoli da regalo   alimentari   negozi
> abbigliamento   marche

1 Moschino, Yves Saint Laurent, Valentino sono tutte

_____ .

2 Sciarpe, pantaloni, cravatte sono articoli d' _____ .

3 Carne, salumi, marmellata sono venduti nei negozi di

_____ .

4 Il Perugino, Castelforte e Tip-Tap sono tutti _____ .

5 Oggetti di cristallo, d'argento, di ceramica sono tutti

_____ .

Un amico di troppo

I PREPARATIVI PER LA FESTA
PREPARING FOR THE PARTY

Giulia e la mamma parlano dei preparativi per la festa.

la pasticceria	patisserie, pastry store
ordinare	to order
la torta	cake
il fioraio	florist's
la lista	list
la spesa	food shopping
quale tipo	what type
la fragola	strawberry
la sciarpa	scarf
le calze	tights, pantyhose
in tinta unita	plain, self-coloured
dimenticare	to forget
dimenticavo	I almost forgot
il consiglio	advice

ACTIVITY 19

Listen to the story and find in each line the item that is not mentioned in the dialogue.

1 dal fornaio / dal fioraio / al mercato / in pasticceria
2 la torta / i panini / le pizze / la panna
3 delle calze / di velluto / di lino / dei guanti
4 questa ragazza / l'ultima ragazza / la sua ragazza / il suo ragazzo

ACTIVITY 20

Listen to the story again and complete the summary.

Giulia e la mamma parlano dei (1) _____ . La mamma chiede a Giulia di ordinare la (2) _____ . Giulia decide di regalare alla nonna dei (3) _____ grigi. La mamma vuole conoscere (4) _____ perché le sembra una (5) _____ interessante. Ma Roberto ha bisogno di qualche (6) _____ , pensa Giulia.

Mamma	Se hai tempo Giulia, puoi passare anche in pasticceria per ordinare la torta?
Giulia	Forse mamma. Non so. Stamattina devo anche andare dal fornaio per le pizze, dal fioraio e poi al lavoro.
Mamma	Lo so, ma io quando esco dall'ufficio devo andare al supermercato con una lista della spesa lunga come la tua.
Giulia	D'accordo. La ordino io, allora. Quale tipo di torta prendo?
Mamma	Alla nonna piace la panna. Perché non ordiniamo una torta alle fragole? Hai anche ordinato gli altri dolci?
Giulia	Sì, ne ho presi un po'. Senti, che cosa regali alla nonna?
Mamma	Le regalo una bella sciarpa di velluto che ho visto da Vestichic ieri pomeriggio.
Giulia	Ottimo – io ho pensato a dei guanti o a delle calze di lana. Di che colore è la sciarpa?
Mamma	È grigia, in tinta unita.
Giulia	Allora va bene per i guanti. Li prendo grigi. Ah, dimenticavo. Roberto vuole invitare anche quella ragazza che ha conosciuto all'università …
Mamma	Perché no?! La vorrei conoscere anch'io. Stefania, vero? Mi sembra più interessante dell'ultima ragazza che ha avuto.
Giulia	Ma non è la sua ragazza, e c'è anche questo Massimo che le sta sempre vicino e che non è il suo ragazzo.
Mamma	Beh, magari domani quando ritorna papà, gli parla lui, gli dà qualche consiglio.
Giulia	Forse questa è una buona idea. Ha proprio bisogno di qualche consiglio.

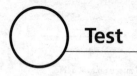

Test

Now it's time to test your progress in Unit 9.

1 Extract the colours from the anagrams: their initials inserted in the right space will give you the Italian word for rainbow. (1 point for each anagram + 2 for the word)

a __ __ o __ __ l e __ o

1 Reno 2 Sorso 3 Marec 4 Ancobi 5 Ciorannea

7

2 Fill in the gaps with the correct forms of **quello**.

1 Questa cornice costa 13 euro, mentre _____ è più cara.
2 Quanto costa _____ vaso di cristallo? È molto bello!
3 _____ bicchieri sono molto originali.
4 _____ sono tutti prodotti italiani.
5 Che belle _____ ceramiche! Sono tutte fatte a mano?

5

3 Complete the sentences with the correct pronoun from the box.

li gli mi ne l' le

1 _____ prendo tutti e due.
2 A Marco? Non _____ sta bene per niente.
3 Non vuole mai accompagnar _____ a fare la spesa.
4 Durante le svendite _____ vendiamo tantissime.
5 _____ abbiamo portata subito a fare spese.
6 _____ piace, signor Alfano? È un Barolo.

6

4 Make up some comparisons with **più** or **meno**, as appropriate.
Example: Il gorgonzola è gustoso come la mozzarella.
Il gorgonzola è più/meno gustoso della mozzarella.

1 Il lambrusco è dolce come il Chianti.
2 I dolci sono buoni come i gelati.
3 L'olio d'oliva è sano come il burro.
4 Il cappuccino è forte come l'espresso.
5 La cucina bolognese è buona come la cucina siciliana.

5

5 Complete the description of the couple with the words from the box.

> cuoio sciarpa maglietta
> cintura neri scarpe giacca
> camicia pantaloni

A
L'uomo indossa jeans _____ e _____ in tinta unita.
_____ di pelle e scarpe marroni. Porta una bella
_____ di velluto verde.

B
La donna indossa una _____ di cotone fantasia con
_____ stretti e una _____ a pois. Le _____ e la
borsa sono di vero _____ italiano.

9

6 Put the dialogue in order. Start with **c**.

a Abbiamo il San Daniele. Quanto ne vuole?
b Molto buono, Signora. Vuole provarlo?
c Prego, Signora. Desidera?
d Sí, grazie. Uhm! Sì, buono! Due etti e mezzo per favore.
e Vorrei tre etti di mortadella e del prosciutto crudo.
f Non so. È veramente buono?

5

TOTAL SCORE 37

If you scored less than 27, go through the dialogues and the
Language Building sections again before completing the
Summary on page 134.

Summary 9

Now try this final test summarizing the main points covered in this unit. You can check your answers on the recording.

How would you:
1 ask for 300g of mozzarella?
2 ask for some peaches?
3 ask for some olives?
4 say you'd like a kilo (of it)?
5 ask if you can try that jacket on?
6 say 'Those shoes are a little expensive, but I'll take them?'
7 ask if you can pay by credit card?
8 say this small rucksack is dearer than that one?

REVISION

There is a lot of new vocabulary in this unit, so it's a good idea to make sure you consolidate it. Look into your wardrobe and make a list of the clothes you have, thinking about the colours. Use a dictionary for any new words. You could also work out your sizes in preparation for shopping in Italy (conversion tables for European sizes are readily available).

For food and drink practice, think out your weekly shopping list in Italian. This is a good opportunity to practise quantities too.

Imagine yourself shopping in Italy for souvenirs. How would you ask for them? Remember, when you're in Italy don't panic if you can remember the name of an item – **questo** and **quello** go a long way!

Have a nice meal!
Buon appetito!

OBJECTIVES

In this unit you'll learn how to:

- ✓ order food and drink
- ✓ enquire about something on the menu
- ✓ complain
- ✓ express appreciation and make recommendations
- ✓ ask for the bill

And cover the following grammar and language:

- ✓ disjunctive pronouns
- ✓ the -**issimo** ending ('very …')
- ✓ the adjective **buono** ('good')
- ✓ more on indirect object pronouns
- ✓ combined pronouns: **glielo,** etc.
- ✓ irregular comparatives and superlatives
- ✓ regular adverbs
- ✓ the order of object pronouns

LEARNING ITALIAN 10

If your main motivation in learning Italian is to be able to speak it, it's important to practise talking as much as possible. Take the recordings when you are on a long car journey and speak aloud along with the dialogues. If you're studying alone and feel that you need more speaking practise, find out if there are any evening classes in your area. Contact local colleges and universities to see what they have to offer.

Now start the recording for Unit 10.

The steak is very tender

La bistecca è tenerissima

ACTIVITY 1 is on the recording.

ACTIVITY 2

Complete 1–4 with the correct ending from a–d.

1 Renzo chiede subito   a carne alla griglia.
2 Il cameriere consiglia   b dell'acqua minerale.
3 Renzo come secondo prende   c il menù.
4 Renzo ordina anche   d le fettuccine.

DIALOGUE 1

○ Buona sera. Il menù, per favore. Abbiamo fretta.
■ Subito. Posso consigliarvi le fettuccine alla Lena.
▼ E come sono le fettuccine alla Lena? Sono fatte in casa?
■ Sì. Sono fettuccine freschissime servite con una salsa di panna e funghi. Buonissime.
▼ Uhm … Bene. Allora per me come primo le fettuccine, e di secondo fegato alla veneziana.
■ Purtroppo il fegato è finito, ma c'è del buono stufato.
▼ Va bene con delle patatine fritte. E per te, Renzo?
○ Anche per me le fettuccine. E poi una bistecca ai ferri, con insalata verde. È tenera la bistecca?
■ Tenerissima. Da bere abbiamo un buon vino rosso locale.
○ Va bene, e una bottiglia d'acqua minerale non gassata.

VOCABULARY	
consigliare	to recommend
le fettuccine	*a kind of pasta similar to tagliatelle*
come sono … ?	what are they like?
fatto/a in casa	home-made
fresco/a	fresh (*also* cool)
la salsa	sauce
come primo	as a first course
il fegato	liver
lo stufato	stew
la bistecca ai ferri	grilled steak
l'insalata	salad
tenero/a	tender
locale	local
non gassata	still [*of mineral water*]

✓ Disjunctive pronouns

Disjunctive pronouns are used after prepositions and for emphasis.

me	te	lui/lei, lei
noi	voi	loro

Per noi maiale arrosto. For us roast pork.
Beato **te**! Lucky you!

✓ *tantissimo*!

-issimo is added to an adjective to intensify its meaning.

(tenero)	tener*issimo/a/i/e*	very tender
(dolce)	dolc*issimo/a/i/e*	very sweet

Queste paste sono **gustosissime**. These cakes are very tasty.

When added to adverbs, -issimo doesn't change.

(bene)	ben*issimo*	very well	(piano)	pian*issimo*	very softly
(male)	mal*issimo*	very badly	(poco)	poch*issimo*	very little

✓ How to order

Per me / Per noi tortellini in brodo. Tortellini in broth for me / for us.
Prendo delle penne all'arrabbiata. I'll have penne in spicy sauce.
Un fritto misto di pesce, per favore. A fish platter, please.

come / di / per ... antipasto	for ... starter
primo/i (piatto/i)	first course
secondo/i (piatto/i)	main course
contorno/i	side dish
dolce	dessert, sweet

✓ *buono* ('good')

Before a noun and only in the singular, **buono/a** changes form in the same way as the indefinite article.

un buon ristorante	a good restaurant
un buono spezzatino	a good stew

ACTIVITY 3

Complete the sentences with the correct form of **buono**.

1 Avete dei _____ tortellini in brodo?
2 Abbiamo preso un _____ antipasto misto.
3 Ho trovato due _____ pizzerie in città.
4 Si dice '_____ appetito' prima di un pasto.
5 Questo risotto è proprio _____.

Now do activities 4 and 5 on the recording.

🎧 **ACTIVITY 6** is on the recording.

ACTIVITY 7

1 Renzo vuole la bistecca   **a** poco cotta **b** ben cotta.

2 Giulia vuole   **a** due aranciate e del pane
b dell'aranciata e del pane.

3 Renzo e Giulia prendono   **a** due caffè e due gelati
b due macedonie e un caffè

4 Lo stufato di Giulia è   **a** benissimo **b** buonissimo.

DIALOGUE 2

○ Ho ordinato una bistecca ben cotta, non al sangue.

■ Mi dispiace, signore. Gliela cambio subito.

○ Giulia, com'è il tuo stufato?

▼ Buonissimo. Ah, ecco la tua bistecca.

○ Ma, no!! Adesso è troppo cotta.

■ Sono davvero spiacente. Gliene porto subito un'altra.

○ No, no. Preferisco il pollo alla griglia. Vuoi un altro po' di pane, Giulia?

▼ Sì, grazie e anche un'aranciata.

○ Mi porta dell'altro pane e dell'aranciata, per favore?
...

■ Altro? Un dolce, un po' di frutta ... ?

▼ Per me una macedonia con gelato.

○ Buona idea. Ci porta due macedonie con gelato e un caffè. E anche il conto, per favore.

VOCABULARY	
ben cotto/a	well done
al sangue	rare
troppo cotto/a	overdone
spiacente	sorry
gliela/gliene/glielo	it to you [*combined pronouns*]
il pollo alla griglia	grilled chicken
dell'altro	some more
mi porta ...	can you bring me ...?
la macedonia	fruit salad
un po' di	a bit of, a little
un altro po' di	a bit more of, a little more

✓ Indirect pronouns (2)

These pronouns (already seen in constructions such as *mi piace*) are used with verbs which are followed by a preposition, such as **telefonare a** ('to telephone'), and **dare a** ('to give to').

mi	to (etc.) me	**ci**	to us
ti	to you [*informal*]	**vi**	to you
gli	to him	**gli**	to them [*m/f*]
le	to her; to you [*formal*]		

Ci porta una cotoletta, per favore. Bring us a veal cutlet, please.
Pia? **Le** telefono dopo, io. Pia? I'll call her later.

✓ Combined pronouns

When the direct object pronouns **lo / la, li / le** and **ne** are used with **gli** the pronouns combine as follows. Note that **gli** in these combined forms can mean 'to her' as well as 'to him' and 'to them'.

lo + gli→glielo	**li + gli→glieli**	**ne + gli→gliene**
la + gli→gliela	**le + gli→gliele**	

Questo cucchiaio/coltello è sporco. – **Glielo** cambio subito. This spoon/knife is dirty. – I'll change it for you straight away.

Mi manca la forchetta. – **Gliene** porto subito una. I don't have a fork. – I'll bring you one straight away.

✓ How to complain

È / sono un po' / troppo / proprio ... It's / They're a bit / too /really ...

bruciato/a	burnt	**guasto/a**	off
crudo/a	undercooked	**salato/a**	salty
duro/a	tough	**secco/a**	dry

Può controllare il conto? C'è un errore.
Can you check the bill? There is a mistake.

ACTIVITY 8

Complete the sentences with a word from the box.

gliene dell'altro mi un po'

1 Volete _____ vino o prendiamo della birra?
2 Ci porta _____ di pane, per favore?
3 Sì e _____ porta anche un amaro, per favore.
4 Mi scusi, quanti _____ ho già portati?

 Now do activities 9 and 10 on the recording.

I recommend it

Te lo consiglio

ACTIVITY 11 is on the recording.

ACTIVITY 12

Correct the statements which are false.

1 'Da Luigi' is an excellent restaurant. V / F
2 Luca's friends don't like 'Le Tre Fontane'. V / F
3 'De Gustibus' is as good as 'Le Tre Fontane'. V / F
4 Luca gives Ada his telephone number. V / F

DIALOGUE 3

○ Che ristoranti piacciono ad Andrea?

■ Mah, sinceramente io e Andrea non andiamo spesso a mangiare fuori. Andrea ama la cucina casalinga.

○ Allora, per un'ottima cucina casalinga, dovete andare 'Da Luigi' vicino a Porta Nuova.

■ Ce lo consigli? Si mangia bene veramente?

○ Per me è la migliore trattoria della città, con piatti del giorno principalmente di pesce, e dove non si paga molto.

■ Purtroppo il pesce non mi piace. Conosci 'Le Tre Fontane'?

○ Io non ci sono mai stato, ma la maggior parte dei miei amici dice che è pessimo.

■ Peccato. È proprio qui vicino. Ne conosci un altro?

○ Sì, il 'De Gustibus'. È migliore del 'Tre Fontane'. Ho qui il numero di telefono. Te lo do, così puoi prenotare.

VOCABULARY

sinceramente	honestly
fuori	out
la cucina casalinga	home cooking
ottimo/a	excellent, the best
veramente	truly
(la) migliore	better (the best)
la trattoria	(small) restaurant [*often family-run*]
il piatto del giorno	today's special
principalmente	mainly
pessimo/a	really awful, the worst

✓ Irregular comparatives and superlatives

Some adjectives have two forms for the comparative and superlative. The distinctions in meaning are subtle and best learnt in context.

	comparative		*superlative*	
buono	più buono/ migliore	better	il più buono/ ottimo	best
cattivo	più cattivo/ peggiore	worse	il più cattivo/ pessimo	worst
grande	più grande/ maggiore	bigger	il più grande/ massimo	biggest
piccolo	più piccolo/ minore	smaller	il più piccolo/ minimo	smallest/least

C'è **la maggiore** scelta di pizze. There's the biggest choice of pizzas.
Ho avuto **la** porzione **più piccola**. I had the smallest portion.
Non ne ho **la minima idea**. I haven't the slightest idea.

✓ Regular adverbs

Most adverbs are formed by adding **-mente** to the feminine form of the adjective. If the adjective ends in **-e**, it simply adds **-mente**.

certo certa**mente** **veloce** veloce**mente**

Onestamente non mi piace molto. To be honest I don't like it a lot.

Adjectives ending in **-le** or **-re** drop the final **e**.

naturale natural**mente** **regolare** regolar**mente**

Frequento questo bar **regolarmente**. I come to this bar regularly.

✓ Object pronouns – order

When **lo / la** and **li / le** are used in the same sentence as **mi**, **ti**, **ci**, and **vi**, the indirect pronouns change to **me**, **te**, **ce**, and **ve**.

Mi dai **il menù**?– Sì, **te lo** passo subito.
Can you give me the menu? –Yes, I'll give it to you straight away.

ACTIVITY 13

Complete the following comments with the correct pronouns.

1 Il tovagliolo _____ cambio subito. (it / for you)
2 _____ consiglio senz'altro. (them [*fem*] / to you [*pl.*])
3 Caffè? Quanti _____ porto? (of them / to you)
4 _____ dà due, per favore. (to us / of them)
5 Il conto non _____ ha ancora portato. (it / to us)

🔊 Now do activities 14 and 15 on the recording.

Eating is a serious business in Italy

Mangiare è una cosa seria in Italia

ACTIVITY 16

Read the magazine article which follows and answer the following questions.

1 Quanti e quali sono gli argomenti più discussi dagli italiani?
2 Perché sono importanti il pranzo e la cena ?
3 Che cosa fanno gli italiani a tavola oltre a mangiare?
4 Che cosa fanno spesso i giovani il sabato sera?

Il cibo è un argomento molto caro agli italiani, forse uno dei più discussi insieme alla salute, alla politica e al calcio. Gli italiani amano la buona cucina, con ingredienti freschi e vari, comprati quando è possibile al mercato.

L'ora del pranzo e della cena sono momenti importanti nella vita degli italiani, quando tutta la famiglia si riunisce e parla della propria giornata. Mangiare è anche uno dei passatempi preferiti di tutta la nazione. A tavola l'italiano trova non solo il piacere di gustare cibi buoni ma anche quello di discutere e scherzare. Spesso la domenica la famiglia italiana pranza fuori e passa ore al ristorante. Il sabato sera i giovani trascorrono frequentemente la serata in pizzeria.

il cibo	food
l' argomento	subject
discusso/a	discussed
la salute	health
la politica	politics
l'ingrediente (m)	ingredient
vario/a	different
il momento	moment
riunirsi	to get together
proprio/a	own
a tavola	at the dinner table
gustare	to taste
scherzare	to joke
frequentemente	frequently
la serata	evening

ACTIVITY 17

Choose the appropriate adverts for each of the people below.

1 Non voglio uscire. A quali ristoranti posso telefonare?
2 Non ho contanti. Dove posso andare a mangiare?
3 Se voglio solo uno spuntino, dove posso andare?
4 Per del pesce fresco, quale ristorante mi consigliate?
5 Vorrei provare un piatto romagnolo. Dove vado?

il servizio a domicilio	home delivery
climatizzato/a	air-conditioned
condizionato/a	air conditioned
l'ordinazione (*f*)	order
raffinato/a	refined
il carrello	trolley
tipico/a	typical

1

TRATTORIA VERDE

Cucina vegetariana internazionale
Aperto tutto l'anno sino a mezzanotte
Ristorante climatizzato
Si accettano carte di credito

2

CAFFÈ DEL VIALE
Tavola Calda

Pasticceria, gelateria, snack bar
Panineria, rosticceria e mignon

Servizio a domicilio
Si accettano ordinazioni

3

Ristorante "Poppea"

Tutte le specialità di pasta fatta a mano secondo la tradizionale cucina bolognese – il favoloso carrello dei bolliti – i vini migliori – Chiuso domenica

4

Pizzeria Trattoria Esotiqué

POLLI ALLO SPIEDO
SERVIZIO A DOMICILIO URGENTISSIMO
PIZZA E POLLO TAXI

5

dal 1890

Casa del Pesce

OLTRE 100 ANNI
DI BUONA CUCINA

Specialità
Tipiche
Siciliane
Pesce Fresco Tutti i Giorni
**È GRADITA LA PRENOTAZIONE
SI ACCETTANO LE CARTE DI CREDITO**

PALERMO – C.so Vitt. Emanuele, 175 (angolo Vicolo Paterna)
091 321655 / 091334589
http://www.paginegialle.it/casapesce

6

RISTORANTE CINESE

IL MANDARINO

Specialità cucina tipica cinese
Si possono ordinare
pietanze da portare via
Aria condizionata
Tavoli con acquario

10.5 Un amico di troppo

 TRA PADRE E FIGLIO
A FATHER AND SON TALK

Roberto incontra suo padre in pizzeria.

la scusa	excuse
la bruschetta	*chunky toast seasoned with oil, garlic, oregano, tomatoes, etc.*
misto/a	mixed
l'aglio	garlic
la pizza campagnola	country-style pizza
i carciofi	artichokes
la rughetta	rocket salad
la quattro stagioni	four seasons pizza [*with four different toppings*]
gli spinaci	spinach
bionda/scura/rossa	*types of beer, similar to: lager, dark beer, ale*
ghiacciato/a	ice-cold
chiedere di	to ask about
chiaramente	clearly
apertamente	openly
direttamente	directly
provalo!	try it!

ACTIVITY 18

Find in each sentence the detail that doesn't match with the story.

1 Un cliente ha consigliato al padre la pizzeria.
2 La pizza campagnola contiene melanzane, olive e formaggio fresco, e rughetta.
3 Il padre prende una quattro stagioni normale.
4 Roberto prende una birra scura.
5 Il padre chiede a Roberto che cosa fa Stefania.
6 Il padre invita Roberto a provare la quattro stagioni.

ACTIVITY 19

1 How does Roberto's father know the pizzeria?
2 Why did Roberto's father want to have a meal with him?
3 What does Roberto order?
4 What does his father order?
5 What does his father ask about Stefania?
6 What does Roberto reply?

STORY TRANSCRIPT

Roberto	Come mai siamo venuti in questo posto, papà?
Padre	Me lo ha consigliato un paziente. È una buonissima pizzeria!
Roberto	No, voglio dire, perché questo incontro tra me e te?
Padre	Non parliamo da molto tempo. E allora ho pensato a una pizza insieme. È sempre una buona scusa per parlare un po'.
Roberto	Uhm … Ottimo! Hanno anche la bruschetta.
Cameriere	Prego. Cosa prendete?
Padre	Allora, per me un antipasto misto. Per te, Robby, una bruschetta?
Roberto	Sì, con molto aglio. E poi una pizza campagnola. Com'è? Con le melanzane o i carciofi?
Cameriere	Con melanzane, olive, pomodoro fresco e rughetta. E per lei?
Padre	Io prendo una quattro stagioni senza funghi ma con spinaci. Ci porta anche, per favore, due birre grandi alla spina?
Cameriere	Certamente. Birra bionda, scura o rossa?
Roberto	Per me bionda e molto ghiacciata.
Padre	Anche per me bionda. Allora, come va? L'università, le lezioni, gli esami?
Roberto	Le ragazze? Vuoi chiedermi di Stefania, vero? La cosa migliore è … parlare chiaramente.
Padre	Hai ragione. Ecco te lo chiedo apertamente. Chi è Stefania? Che cosa sai di lei?
Roberto	Non molto, ma se vuoi saperlo perché non glielo chiedi tu direttamente alla festa?
Padre	D'accordo … Questo antipasto è proprio buono. Il prosciutto è freschissimo. Provalo!

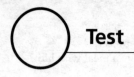

Test

Now it's time to test your progress in Unit 10.

1 Put the following foods under the correct headings:
Primi (piatti), Secondi (piatti), Contorni, Dolci.

> risotto ai funghi   cotoletta   torta di mele   agnello
> profiterole   insalata mista   penne all'arrabbiata
> spinaci   fritto misto di pesce   tortellini
> patatine fritte   macedonia

12

2 Supply the appropriate adverb for each of the following adjectives.

1 utile	1	_____
2 fermo	2	_____
3 cortese	3	_____
4 particolare	4	_____
5 serio	5	_____
6 efficiente	6	_____

6

3 Rewrite the questions substituting the underlined text with the correct pronouns and adjusting the pronouns in italic as necessary.
Esempio: Chi *mi* dà <u>il numero di telefono</u>? *Chi me lo dà?*

1 Chi *vi* raccomanda <u>la trattoria 'da Luigi'</u>?
2 Chi porta <u>il conto</u> <u>ai clienti</u>?
3 Chi *ci* dà <u>la ricetta del tiramisù</u>?
4 Chi dà <u>dei consigli</u> <u>ad Ada</u>?
5 Chi *ti* manda <u>questi cioccolatini</u>?

10

4 Using the **-issimo** form of the adjectives in the sentences below, write an enthusiastic article on Italian food.

1 Il fegato alla veneziana è una specialità italiana famosa.
2 Il caffè che bevono gli italiani è forte.
3 La mozzarella è buona.
4 Con la ricotta si fanno dei dolci gustosi.
5 La cucina italiana è ricca di ricette.

| 5 |

5 Match each complaint with the appropriate apology.

1 Senta c'è un errore nel conto.
2 Questi spaghetti sono crudi.
3 Ho ordinato l'insalata non gli spinaci.
4 Cameriere, le forchette sono sporche.
5 Io non ho ordinato questo.

a Sono spiacente, ho sbagliato tavolo.
b Mi dispiace. Gliela porto subito.
c Ora lo controlliamo subito.
d Glieli cambio immediatamente.
e Mi scusi, gliele cambio subito.

| 5 |

6 Put the dialogue in order. Start with **c**.

a Bene, e come primo? Qual è il piatto del giorno?
b È una ricetta speciale del nostro cuoco.
c Buona sera, Enrico. Cosa ci consiglia stasera?
d Il risotto alla Gennaro. Il miglior risotto della zona.
e Abbiamo del pesce freschissimo e una bistecca buonissima.
f E com'è fatto?

| 5 |

TOTAL SCORE | 42 |

If you scored less than 32, go through the dialogues and the Language Building sections again before completing the Summary on page 148.

Summary 10

Now try this final test summarizing the main points covered in this unit. You can check your answers on the recording.

How would you:
1 ask for the menu?
2 say you booked a table for three?
3 say as first course you'll have fettuccine?
4 ask what ossobuco alla milanese is?
5 say that the cannelloni are very good?
6 ask the waiter, if your steak wasn't what you wanted, 'Change it for me, please'?
7 ask the waiter to bring you some more bread?
8 ask which is the best restaurant in town?

REVISION

Next time you eat out in an Italian restaurant (an authentic one with Italian-speaking waiters), have a go at ordering in Italian. Use **mi porta/ci porta** or **prendo** and **per me,** not just the name of the items you want. Ask how some of the dishes are prepared using **Com'è** and **Cos'è**.

Strike up a conversation with the waiters about the wines, asking them their opinion on which is **migliore** or **peggiore**. Make positive comments on the food you eat using the **-issimo** forms you've practised – and be ready with the phrases you need to ask for something to be sorted out if it's not how you want it.

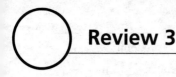

Review 3

VOCABULARY

1 Match the foods on the left with the shops on the right.

1 del parmigiano	a al supermercato
2 un po' di carciofi	b in pasticceria
3 qualche panino	c in drogheria
4 un etto di prosciutto	d dal fornaio
5 del pesce	e dal fruttivendolo
6 dell'olio	f dal salumiere
7 qualche pasta	g dal macellaio
8 mezzo chilo di carne	h dal pescivendolo

2 Which item is being described in each case? Give your answer in English.

1 Sono di vetro e servono per bere.
2 È di plastica e si usa per fare la spesa.
3 È di carta e si usa per pagare.
4 Sono di ceramica e servono per mangiare.
5 È di nylon e si usa per la pioggia.

3 Complete the sentences with the **-issimo** form of the appropriate adjective in the box.

> **gustoso salato buono dolce duro caro**

Example: Se il pesce è comprato al mercato, è …… *freschissimo.*

1 Quando il caffè ha troppo zucchero, è …
2 Se il profiterole ha molto cioccolato, è …
3 Se la bistecca è difficile da tagliare è …
4 Se il ristorante è molto elegante, il conto è …
5 Se gli spaghetti sono al dente, sono …
6 Se nello stufato c'è troppo sale, è …

4 Supply the correct direct object pronoun.

1 A che ora vuoi venire a prender ____ ? (noi)
2 ____ posso aiutare? (tu)
3 Non vuole mai salutar ____ . (lei)
4 Dobbiamo veder ____ stasera. (voi)
5 Perché non ____ puoi chiamare domani? (io)
6 Non deve lasciar ____ soli. (loro)

5 Match each sentence with the appropriate picture.

1 Oggi c'è il sole.   a ✳

2 C'è molto vento.   b 🌬

3 Ha nevicato tutto il giorno.   c 🌳

4 È un po' nuvoloso.   d ☁

5 Ha fatto proprio brutto tempo.   e ☀

6 C'è stata molta nebbia.   f 🌧

6 Complete the sentences with the appropriate direct or indirect pronoun.

1 _____ piacciono solo le camicie in tinta unita. (**io**)
2 I pantaloni _____ stanno bene. (**tu**)
3 Devo pagar _____ alla cassa? (**le scarpe**)
4 _____ regalo sempre cravatte. (**lui**)
5 _____ posso fare un assegno? (**lei**)
6 Possiamo provar _____ tutti e due? (**i maglioni**)

7 Join the two halves using **che** to make complete sentences.

1 No, preferisco i pantaloni	a è vicino ai bicchieri?
2 Quanto costa il servizio da caffè	b hai comprato alla mostra?
3 Quanto è costato quel quadro	c mi ha regalato Bruno.
4 Vorrei vedere quello zainetto	d ho provato prima.
5 Questo è l'orologio	e è in vetrina. Sì, quello di pelle.

8 Supply the questions for the following responses.

1 Il conto? Glielo porto subito.
2 No, non questo. Vorrei vedere quello là.
3 Ha detto due etti di prosciutto, vero?
4 Ti sta benissimo!
5 Per me il profiterole è migliore del tiramisù.
6 Per me una pizza quattro stagioni e per lui una campagnola.

 LISTENING

9 As they do every January, Amalia and her **capufficio** (office manager) are updating the diary. Listen to their conversation and fill in the missing dates and engagements.

GENNAIO 23 cena da Matteo

FEBBRAIO

MARZO 6 matrimonio Marisa

APRILE

MAGGIO

GIUGNO 20 ferie

LUGLIO

AGOSTO

SETTEMBRE

OTTOBRE

NOVEMBRE

DICEMBRE

10 Complete the dialogue between the tourist and the ticket vendor in the station. Then switch on the recording and, playing the part of the tourist, join in the dialogue. Try to answer without looking at what you've written, but keep the replies in front of you as a prompt.

You	At what time does the next train for Ravenna leave?

Vendor	Il prossimo treno per Ravenna parte alle 13.20.
You	Do I have to change?

Vendor	No, il treno è diretto.
You	Can you give me 3 tickets for Ravenna, please? Single only.

Vendor	Certo. Tre biglietti per Ravenna, solo andata.
You	Which platform does it leave from?

Vendor	Dal binario 13.
You	Is the train on time?

Vendor	Sì, è in perfetto orario.

11 You're in a souvenir shop and a shop assistant comes to help you. Prepare your answers, then switch on the recording and join in the dialogue. This is what the assistant will ask:

1 if s/he can help you
2 where in the shop window is your item
3 what colour you'd like
4 if you'd prefer glass or ceramic
5 how many you'd like
6 if you want anything else
7 if you're paying in cash or by credit card

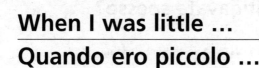
When I was little ...
Quando ero piccolo ...

OBJECTIVES

In this unit you'll learn how to:

- ✓ talk about memorable experiences
- ✓ describe what happened in the past
- ✓ compare the past and present

And cover the following grammar and language:

- ✓ the imperfect tense
- ✓ the irregular verb **sapere** ('to know')
- ✓ the present tense + **da** to express duration

LEARNING ITALIAN 11

You may be finding that it's getting more difficult to work though the units, as the language becomes more challenging, but don't give up. Keep reminding yourself that you'll learn better if you are relaxed and don't try to do too much in each session. You're more likely to remember new language if you study for a short time, but regularly and often. Are you setting yourself goals for each week? Do you still speak aloud as much as possible? Do you go back and review earlier units now and then to consolidate grammar and vocabulary? Are you keeping your vocabulary notebook up to date? Review how you're organizing your learning: there may be changes you can make to keep your level of motivation up.

Now start the recording for Unit 11.

Did you argue much?
Litigavate spesso?

ACTIVITY 1 is on the recording.

ACTIVITY 2

Correct the statements which are false.

1 Emanuela and Edoardo often argued when
   they were little.   V / F
2 Emanuela started to play football when she
   was 14.   V / F
3 Emanuela was the only girl in the team.   V / F
4 Marisa is Emanuela's cousin.   V / F

DIALOGUE 1

○ Quali giochi ti piacevano quando eri piccola, Emanuela?
■ Quando avevo cinque o sei anni, giocavo con i trenini e
  con i soldatini di mio fratello Edoardo. Si arrabbiava
  sempre perché diceva che glieli rubavo.
○ Litigavate spesso?
■ All'inizio sì, lui diceva che io avevo le mie bambole …
○ Non ti piaceva giocare con le bambole?
■ No, per niente. Poi quando avevo circa dodici anni ho
  cominciato a giocare a calcio con Edoardo e i suoi amici
  in cortile.
○ Eri l'unica femmina?
■ No, c'era anche mia cugina Marisa. Era molto brava,
  giocava in porta; io invece ero in difesa. Ci divertivamo
  un mondo.

VOCABULARY

il gioco	game
il trenino	toy train
il soldatino	toy soldier
arrabbiarsi	to get angry
rubare	to steal
litigare	to have an argument
la bambola	doll
il cortile	courtyard
la porta	goal [*sport*] [*also* door]
la difesa	defense
un mondo	a lot [*colloquial*]

✓ The imperfect tense (1)

The imperfect tense is used to describe a continuing, repeated, or habitual action in the past.

> Quali giochi **ti piacevano**? What games did you use to like?
> In vacanza **andavo** in spiaggia ogni mattina. On holiday I used to go to the beach every day.

It can also be used to describe what was happening or what the situation was when something else happened.

> **Era** in quel bar quando l'ho visto. He was in that bar when I saw him.

	giocare – to play	vincere – to win	capire – to understand
(io)	giocavo	vincevo	capivo
(tu)	giocavi	vincevi	capivi
(lui/lei; lei)	giocava	vinceva	capiva
(noi)	giocavamo	vincevamo	capivamo
(voi)	giocavate	vincevate	capivate
(loro)	giocavano	vincevano	capivano

Irregular verbs

(io)	ero	(noi)	eravamo
(tu)	eri	(voi)	eravate
(lui/lei; lei)	era	(loro)	erano

A number of verbs add the imperfect endings to an irregular stem.

fare – *face*vo, **bere** – *beve*vo, **dire** – *dice*vo, **tradurre** ('to translate') – *traduce*vo

Spesso, di solito, sempre, a volte, are often used with the imperfect.

ACTIVITY 3

You've just come back from a language course in Venice. Describe your typical day, using the imperfect tense.

1 La mattina alzarsi/8.30.
2 Fare colazione al bar/ 9.00.
3 Le lezioni cominciare/ 10.00.
4 Andare a mangiare / 13.00.
5 Poi/fare una passeggiata per Venezia.
6 Tornare a lezione/ 15.00.
7 Dopo cena/ uscire.

ⓐ Now do activities 4 and 5 on the recording.

How did you spend the day?

Come passavate la giornata?

ACTIVITY 6 is on the recording.

ACTIVITY 7

1 Dove ha passato le vacanze Pierluigi?
2 A che ora si alzavano lui e la sua famiglia?
3 A che ora andavano a sciare?
4 Carlotta e Gustavo si sono divertiti?

DIALOGUE 2

○ Pierluigi, quando sei tornato? Come avete passato le vacanze di Natale?

■ Benone! Siamo tornati qualche giorno fa. Siamo andati in montagna a sciare. Ci siamo veramente riposati. Tu e Daniela cosa avete fatto?

○ Mah, niente di speciale. Siamo rimasti in città – lei non aveva ferie. Voi piuttosto … Come passavate la giornata?

■ In modo molto semplice. La mattina ci alzavamo alle otto e facevamo colazione in albergo. Andavamo a sciare verso mezzogiorno. Il pomeriggio quando eravamo stanchi, di solito giocavamo con i bambini.

○ Sanno sciare anche loro?

■ Abbiamo preso un maestro di sci per Carlotta – Gustavo invece è ancora piccolo. Mentre la sorella prendeva lezioni, lui e i cuginetti giocavano con lo slittino.

○ Si sono divertiti?

■ Molto! Non volevano più tornare in città.

VOCABULARY	
la giornata	day
benone	very well
semplice	simple
stanco/a	tired
il maestro di sci	ski instructor
il cuginetto	little cousin
lo slittino	sledge

⊘ The imperfect tense (2)

The imperfect is also used:

– to express an emotional or physical state:

Ho già mangiato – **avevo** fame. I've already eaten – I was hungry.
Ieri sera sono andata a letto alle dieci perché **avevo** sonno. Last night I went to bed at ten because I was sleepy.
Quando Luca **era** piccolo, **aveva** paura dei temporali. When Luca was small, he was afraid of storms.
Beatrice **era** molto stanca. Beatrice was very tired.

– to give the time and talk about age and the weather:

Erano le sette. It was seven o'clock.
Era autunno. It was autumn.
Aveva circa 50 anni. He was around 50.
Quando **avevamo** nove anni, **ci piaceva** giocare a nascondino. When we were nine, we used to like playing hide and seek.
Era una bella giornata. It was a lovely day.

– to talk about what was happening while something else was going on. The word **mentre** ('while') is often used in this context.

Mentre Giuliana **si preparava** per uscire, Claudio **cucinava**.
While Giuliana was getting ready to go out, Claudio was cooking.

⊘ *sapere* ('to know') – irregular verb

(io)	**so**	(noi)	**sappiamo**
(tu)	**sai**	(voi)	**sapete**
(lui/lei; lei)	**sa**	(loro)	**sanno**

Sapere followed by an infinitive means 'to be able to', 'to know how to'.

Sanno nuotare? Can they swim?
Sapete parlare l'inglese? Can you speak English?

ACTIVITY 8

Complete the sentences with the correct form of the imperfect of **essere** or **avere**.

1 Quando [io] _____ 20 anni, _____ i capelli lunghi.
2 I bambini _____ contenti di giocare con lo slittino.
3 Ha ordinato due pizze. _____ molta fame.
4 Quando sei andata a New York? – _____ autunno.
5 Carola _____ ragione, la casa di Caterina è bella!

 Now do activities 9 and 10 on the recording.

11.3 What were they wearing?

Cosa indossavano?

ACTIVITY 11 is on the recording.

ACTIVITY 12

You've been asked to fill in this police report.

1 Quanti erano gli uomini? _____
2 Cosa indossava il primo? _____
3 Cosa indossava il secondo? _____
4 Quale arma avevano? _____

DIALOGUE 3

○ Da quanto tempo è qui lei? Ha visto cosa è successo?

■ Beh, è successo all'improvviso – ero in coda in banca, aspettavo il mio turno, quando ho sentito delle grida … Mi sono girata ed ho visto due uomini armati.

○ Me li può descrivere? Cosa indossavano?

■ Uno portava un paio di jeans e una camicia a quadri, l'altro un paio di pantaloni blu con un maglione bianco.

○ Che arma avevano?

■ Una pistola.

○ E poi? Cos'è successo?

■ Mentre la cassiera prendeva i soldi, abbiamo sentito la sirena della polizia e i due rapinatori sono scappati.

VOCABULARY

all'improvviso	suddenly
il turno	turn
il grido [**le grida**. *pl. fem.*]	shout
girarsi	to turn around
l'uomo [*pl.* **uomini**]	man
armato/a	armed
descrivere	to describe
indossare	to wear
l'arma	weapon
avvicinarsi	to go near
la pistola	gun
scappare	to run off
il rapinatore	robber

✓ The present tense + *da* to express duration

The present tense is used with **da** and a time to describe in Italian an action which began in the past and continues in the present.

Abito a Trieste **da** due anni. I have lived in Trieste for two years.
Non **vado** al cinema **da** molto tempo. I haven't been to the cinema for a long time.

Note that the perfect tense in Italian indicates a completed action.

Ho abitato a Trieste 2 anni. I **lived** in Trieste for 2 years.

✓ The imperfect tense (3)

The imperfect is also used to describe the physical characteristics of things, places, and people in the past.

Portava un paio di stivali. She was wearing a pair of boots.
Aveva i capelli corti e neri. He had short black hair.
Il nostro giardino **era** molto grande. Our garden was very big.
Quando sono nata, **avevo** gli occhi azzuri; ora li ho castani. When I was born I had blue eyes; now they're brown.

✓ Deciding between the perfect and the imperfect

The perfect is used to describe a completed or single action in the past; the imperfect describes a continuing, repeated, or habitual action.

L'anno scorso **sono andato** a Milano. Last year I went to Milan.
Quando facevo l'avvocato, **andavo** a Milano ogni mese. When I was a lawyer, I used to go to Milan every month.
Guardavo la televisione quando è **arrivato** Carlo. I was watching television when Carlo arrived.

ACTIVITY 13

Complete the sentences, using the correct form of the perfect or the imperfect as appropriate.

1 Quando erano bambini, (**andare**) _____ sempre al mare, solo un'estate (**andare**) _____ in montagna.

2 Quando ero fidanzata, il sabato (**uscire**) _____ sempre con il mio ragazzo, solo una volta (**uscire**) _____ con le mie amiche.

3 In vacanza, io e mio marito (**andare**) _____ al ristorante tutte le sere, solo una volta (**cenare**) _____ in casa.

4 Quando lavoravate a Venezia (**andare**) _____ in ufficio a piedi, solo una volta (**prendere**) _____ il vaporetto.

Now do activities 14 and 15 on the recording.

11.4 La vita dell'indimenticabile Marcello

The life of the unforgettable Marcello

ACTIVITY 16

Read the article which follows on the life of one of the most famous Italian actors, Marcello Mastroianni. Correct the statements which are false.

1 Mastroianni did not feel comfortable in Hollywood.	V / F
2 He preferred Hollywood to Rome.	V / F
3 Mastroianni and Sofia Loren were a real couple in life.	V / F
4 Mastroianni did not like the image the media created of him.	V / F

CULTURE

MARCELLO MASTROIANNI, nato il 28 settembre 1928 in provincia di Frosinone, nel Lazio, ha lavorato nel corso della sua carriera con grandi registi come Federico Fellini, Luchino Visconti e Ettore Scola e con attrici famosissime e bellissime come Sofia Loren, Faye Dunaway, Catherine Deneuve e Anita Ekberg.

Con la Loren, affermava l'attore, 'era nato un rapporto così naturale ed affettuoso tanto da considerarla una sorella'. Insieme hanno girato molti film ed il pubblico li ricorda come una coppia vera, sullo schermo anche se non nella vita. Nel 1950 ha sposato Flora Clarabella, da cui, nonostante le diverse relazioni con attrici famose, non si è mai separato.

Dopo *La Dolce Vita*, girato con Federico Fellini, il pubblico ha cominciato a considerarlo il bel Marcello, il latin lover per eccellenza. Poiché era un attore timido e modesto, la critica lo ha definito un anti-divo. Detestava l'immagine artificiosa creata dai mass media. A Hollywood preferiva Roma. Non si trovava a suo agio a Hollywood e non apprezzava il modo di lavorare e di vivere americano.

la provincia	province
la carriera	career
il regista	director
il rapporto	relationship
affettuoso/a	affectionate
girare un film	to shoot a film, to shoot a movie
lo schermo	screen
nonostante	despite
la relazione	relationship
separarsi	to separate
per eccellenza	par excellence
modesto/a	modest
il divo	star
detestare	to hate
artificioso/a	unnatural
non si trovava a suo agio	he did not feel at ease

ACTIVITY 17

Read through the article again and list all the verbs used in the correct column below. If you're unsure why a particular tense has been used in any case, look at the Grammar Summary page 229–231.

PERFECT	IMPERFECT

ACTIVITY 18

Now think of a famous person in your own country (either living or dead) and try to write a short biography, paying attention to the correct use of the perfect and imperfect.

Un amico di troppo

LA FESTA DI COMPLEANNO
THE BIRTHDAY PARTY

Alla festa, Stefania incontra Nonna Maria.

auguri!	best wishes!
raccontare	to tell
compiere 90 anni	to turn 90
non li dimostra	you don't look it
sano/a	healthy
genuino/a	genuine
camminare	to walk
tesoro mio	my dear
che coincidenza!	what a coincidence!
il trasferimento	transfer
adattarsi	to adapt oneself
imbarazzante	embarrassing
in cui	[*here*] when
ti piacerebbe	you would like it

ACTIVITY 19

Listen to the story and answer the following questions.

1 What does Nonna Maria feel nostalgic about? Mention
   three things.
2 Why did Nonna Maria move to Venice?
3 Why was she sorry to leave Venice?
4 How does she embarrass Roberto at the end?
5 Has Roberto ever been to Venice?

ACTIVITY 20

Listen to the story again and find the Italian equivalent for
the following.

1 There was no pollution.
2 When I was young, many years ago, life was different.
3 Did you like living in Venice?
4 Luckily the children were still small.
5 I was remembering the times when your grandfather
   and I used to live in Venice.

STORY TRANSCRIPT

Stefania	Signora Maria, tanti auguri, buon compleanno!
Nonna Maria	Grazie cara, tu sei Stefania, vero? Roberto mi parla spesso di te.
Stefania	Davvero? E che cosa le ha raccontato?
Nonna Maria	Mah, quel poco che sa ...
Stefania	Allora lei oggi compie 90 anni. Non li dimostra.
Nonna	Grazie. Sai, quando ero giovane, molti anni fa, la vita era diversa, più sana. Si mangiavano solo cibi genuini, non c'era traffico, non c'era inquinamento, si poteva camminare tranquillamente per le strade. Oggi invece ...
Stefania	Ha sempre abitato qui?
Nonna	No, tesoro mio. Dopo che ci siamo sposati, io e Giovanni, mio marito, siamo andati ad abitare a Venezia per qualche anno. Lui lavorava lì.
Stefania	Oh, che coincidenza ... Io sono di Venezia. E le piaceva abitare a Venezia?
Nonna	Sì, i miei figli sono nati lì. Ci trovavamo bene, poi mio marito ha chiesto il trasferimento e siamo tornati qui.
Stefania	Le è dispiaciuto?
Nonna	Sì, all'inizio molto, avevo molte amiche, per fortuna i bambini erano ancora piccoli e si sono adattati subito.
Stefania	Ha avuto occasione di tornare a Venezia?
Nonna	No, ma vorrei un giorno ...
Roberto	Nonna, che cosa stai raccontando a Stefania? Niente di imbarazzante, spero?
Nonna	No, ricordavo i tempi in cui io e tuo nonno abitavamo a Venezia ... Tu non ci sei mai stato vero, Roberto? Perché non chiedi a Stefania di invitarti? Ti piacerebbe moltissimo.
Roberto	Ma, nonna, che dici? Dai vieni, Stefania, ti presento ai miei amici.

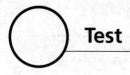

Test

Now it's time to test your progress in Unit 3.

1 Fill in the blanks with the imperfect of the verb in brackets:

Quando (1 **essere**) _____ piccola, (2 **passare**) _____
tutte le estati al mare con la mia famiglia. Io e mia sorella
Emilia (3 **divertirsi**) _____ moltissimo sulla spiaggia.
(4 Noi, **giocare**) _____ con altri bambini e
(5 **fare**) _____ molti bagni. Ogni pomeriggio, dopo il
bagno, (6 [noi] **fare**) _____ la doccia, e poi la mamma e
il papà ci (7 **comprare**) _____ un gelato. Il pomeriggio
tardi (8 **tornare**) _____ tutti a casa e io e Emilia
(9 **andare**) _____ in giardino a giocare. La sera dopo
cena (10 [io] **essere**) _____ molto stanca, di solito
(11 [io] **andare**) _____ a letto verso le 10 e (12 [io]
addormentarsi) _____ subito.

12

2 Put the dialogue in order. Start with **e**.

a E perché si è trasferita a Roma?
b Perché io e mio marito lavoriamo lì.
c Le piaceva?
d A Pescara, vicino al mare.
e Dove abitava quando era piccola?
f Sì, andavo in spiaggia appena possibile.
g E da quanto tempo abitate lì?
h Da 7 anni.

7

3 Find the right match for each sentence 1–4.

1 Vivo a Napoli da 15 anni.
2 Ho vissuto a Napoli per 15 anni
3 Non li vedo da un paio d'anni.
4 Li ho visti due anni fa.

a I haven't seen them for a couple of years.
b I have been living in Naples for 15 years.
c I saw them two years ago.
d I lived in Naples for 15 years.

4

4 Complete the passage using the words in the box.

| c'era c'erano c'è c'era |
| erano è ci sono c'era c'è |

A Hai visto come è cambiato il centro della città?

B Sì, una volta non _____ tutto questo traffico, le macchine _____ poche, e _____ molte biciclette. Adesso l'aria _____ irrespirabile, _____ autobus, taxi, motociclette …

A Sì, ricordo che qui _____ una bella piazza, ora invece _____ questo orribile centro commerciale.

B E lì invece _____ la nostra vecchia scuola, ora _____ la stazione degli autobus.

9

5 Complete the sentences using the perfect or imperfect tense, as appropriate.

1 Quando noi (**abitare**) _____ in Toscana, (**andare**) _____ a Firenze ogni fine settimana.

2 Al matrimonio di sua sorella Federica (**indossare**) _____ un bel vestito. (**Essere**) _____ molto elegante.

3 (**Andare – noi**) _____ in montagna perché in città (**fare**) _____ molto caldo.

4 (**Chiudere – io**) _____ la finestra (*window*), perché (**avere – io**) _____ freddo.

5 A che ora (**alzarsi – voi**) _____ ? Alle 11, (**essere**) _____ molto stanchi.

10

6 Complete the sentences with **da** or **per**, as appropriate.

1 Siamo in Italia _____ tre mesi.

2 Ho studiato greco _____ due anni.

3 Non vado al mare _____ un anno.

4 Siamo stati a Milano _____ una settimana.

4

TOTAL SCORE 46

If you scored less than 36, go through the dialogues and the Language building sections again before completing the Summary on page 166.

Summary 11

Now try this final test summarizing the main points covered in this unit. You can check your answers on the recording.

How would you:
1 say that when you were little you used to have black hair?
2 say that while you were shopping you met a friend?
3 ask your friends what they used to do on holiday?
4 say that you and your children used to spend every summer in the country?
5 ask your friends if they liked living in Italy?
6 say that you've been studying Italian for ten months?
7 say that she was wearing a red jumper and a black skirt?
8 say that you were very tired?

REVISION

Think of what you used to do as a child, where you grew up, what you used to do, where you used to play and with whom. Also think about your school days, your teacher and your best friend.

Use your dictionary to find out the words you don't know.

What a beautiful house!
Che bella casa!

OBJECTIVES

In this unit you'll learn how to:

- ✓ talk on the phone
- ✓ book a hotel room
- ✓ say how long you'll be staying
- ✓ talk about accommodation

And cover the following grammar and language:

- ✓ the irregular verbs **dare** ('to give') and **dire** ('to speak')
- ✓ direct object pronouns with the perfect tense
- ✓ the adjective **bello** ('beautiful')
- ✓ ordinal numbers

LEARNING ITALIAN 12

Although speaking and listening are very important, don't forget that writing is a good consolidation exercise. The activities in this book provide plenty of written practice, but you may also find it helpful to write your own sentences, even keep a simple diary. Start off simply, concentrating on verb endings and choosing appropriate vocabulary. Think about gender and number agreement. Use your dictionary to look up any words you don't know. Also, try to get hold of other Italian written materials such as newspapers and magazines. Don't worry about the meaning of every word, but concentrate on the key words. Note down the words you don't understand before looking them up in the dictionary as their meaning may become apparent as you read on.

Now start the recording for unit 12.

I'm looking for a double room
Cerco una camera matrimoniale

ACTIVITY 1 is on the recording.

ACTIVITY 2

Complete the following summary of the dialogue.
L'uomo cerca una camera _____ con _____
per tre _____. Purtroppo per l'ultima notte trova
solo una camera _____ con _____. La
camera costa _____ euro a mezza _____. Il
numero di fax dell'albergo è _____.

DIALOGUE 1

■ Pronto? Albergo Corona? Cerco una camera
matrimoniale con bagno per tre notti, dal 15 al 17 di
questo mese.

○ Una camera matrimoniale per tre notti ... vediamo ...
Abbiamo una camera matrimoniale per due notti. Per il
17 posso darle una camera doppia con doccia.

■ Quanto costa?

○ Vuole mezza pensione o pensione completa?

■ Mezza pensione.

○ Ottantacinque euro a notte, compresa la colazione.

■ La guida non dice se l'albergo è in periferia o in centro.

○ È in centro, vicino al duomo ... ma è molto tranquillo.

■ Va bene. Le mando un fax per confermare la
prenotazione. Mi dà il numero, per favore?

○ 051-2422567

VOCABULARY

la camera matrimoniale	double room
il bagno	bathroom
la camera doppia	twin room
la mezza pensione	half board, half American plan
la pensione completa	full board, American plan
compreso/a	included
la guida	guide(book)
la periferia	outskirts
confermare	to confirm

✓ *dare* ('to give') and *dire* ('to speak') – irregular verbs

	dare	dire		dare	dire
(io)	do	dico	(noi)	diamo	diciamo
(tu)	dai	dici	(voi)	date	dite
(lui/lei; lei)	dà	dice	(loro)	danno	dicono

Mi **dà** un documento, per favore? Ecco il passaporto. Can you give me a document (your papers), please? Here's my passport.
Le **do** subito la chiave. I'll give you the key straightaway.
Lo **dicono** tutti. Everyone says it.
Cosa **dici**? What are you saying?

✓ *Al telefono*

Pronto hello
Chi parla?/ Con chi parlo? Whom am I speaking to?
Sono Roberta. It's Roberta.
È occupato. / La linea è occupata. The line is busy.
Posso lasciarle / lasciargli un messaggio? Can I leave her / him a message?
Glielo / Gliela passo. I'll put you through to him / her.
Posso parlare con il Signor Maroni? May I speak to Signor Maroni?
Vorrei fissare un appuntamento per domani, per cortesia. I'd like to make an appointment for tomorrow, please.

ACTIVITY 3

You have just booked a hotel room and are sending a fax to confirm your booking. Fill in the blanks with the appropriate word from the box.

> **al albergo doccia pensione
> prenotazione   singola**

```
New York, 15 ottobre
_____ Paradiso
Via Marconi 69
00060 Ostia

Confermo la _____ di una camera
_____ con _____, e con mezza
_____ dal 1_____ 5 novembre.
Distinti saluti
Peter Turner
```

Now do activities 4 and 5 on the recording.

12.2 The shower doesn't work

La doccia non funziona

ACTIVITY 6 is on the recording.

ACTIVITY 7

1 In which room is Signor Morelli staying?
2 What's wrong with the shower?
3 What's wrong with the hairdryer?
4 What does Signor Morelli ask for breakfast in his room?

DIALOGUE 1

○ Pronto, chiamo dalla camera 313.

■ Buongiorno.

○ La doccia non funziona. Può mandare qualcuno a controllarla, per cortesia?

■ Mando qualcuno immediatamente.

○ Posso anche avere un asciugacapelli? Quello in camera è rotto.

■ Sono davvero spiacente. Gliene porto subito un altro.

○ Ah, senta. Ho ordinato la colazione in camera, ma non l'hanno ancora portata.

■ Ah, mi dispiace. Ora controllo . . . . Cosa ha ordinato?

○ Un cappuccino, un succo di frutta, e due cornetti alla crema.

■ Alla crema? Purtroppo stamattina li hanno portati solo alla marmellata.

VOCABULARY	
funzionare	to work
qualcuno	someone
per cortesia	please
immediatamente	immediately
l'asciugacapelli (*m*)	hairdryer
rotto/a	broken
la crema	cream
la marmellata	jam / marmalade

✓ Direct object pronouns with the perfect tense

When verbs form the perfect tense with **avere**, the past participle does not agree with the subject.

Lucia ha **visto** Ornella. Lucia saw Ornella.

However, when the past participle is preceded by a direct object pronoun, the participle agrees with the pronoun in gender and number.

Ho visto Lucia – **l'ho vista**. I saw Lucia – I saw her.
Hai messo in ordine la tua stanza? – Sì, **l'ho messa** in ordine. Have you tidied your room? Yes, I've tidied it.
Ha prenotato **le camere**? Sì, **le ho prenotate** stamattina. Did you book the rooms? Yes, I booked them this morning.
Hai trovato **i soldi**? Sì, **li ho appena trovati**. Have you found the money? Yes, I've just found it.

Note that in this construction **lo** and **la** can be shortened to **l'** (as they come before a vowel or a word beginning with **h**), but **li** and **le** can't.

ACTIVITY 8

Your husband and your son have organized a family holiday. You don't trust them, so you ask a lot of questions:

A Avete fatto le valigie?
B Sì, _____ abbiamo fatt___.
A Avete chiamato il taxi?
B Sì, _____ abbiamo chiamat___.
A Avete confermato la prenotazione?
B Sì, _____ abbiamo confermat___.
A Avete preso i biglietti per l'aereo?
B Sì, _____ abbiamo pres___.
A E i passaporti?
B No, non _____ abbiamo ancora cercat___!

ACTIVITY 9

essere o **avere**? Complete 1–5.

1 _____ stati in vacanza quest'anno? (loro)
2 _____ telefonato all'aeroporto? (voi)
3 Ci _____ divertiti molto in Sardegna.
4 Non _____ prenotato l'albergo perché non avevo il numero. (io)
5 Quanto tempo _____ rimasto a Los Angeles? (tu)

🔊 Now do activities 10 and 11 on the recording.

171

We have a beautiful apartment
Abbiamo un bell'appartamento

ACTIVITY 12 is on the recording.

ACTIVITY 13

Correct the statements which are false.

1 Mrs Mariani is looking for a 2 bedroom flat.   V / F
2 The first flat mentioned is on the ground floor.   V / F
3 The second flat has a terrace.   V / F
4 The second flat has no garage.   V / F

DIALOGUE 1

○ Pronto, Agenzia Domus? Cerco un appartamento da affittare vicino al mare, per agosto.

■ Con quante camere?

○ Con tre camere da letto.

■ Abbiamo un bell'appartamento proprio vicino al mare – al piano terra, con due bagni e una cucina moderna.

○ C'è il garage?

■ No, mi dispiace, ma il garage non c'è.

○ Allora no, non va bene. Ha qualcos'altro?

■ Sì, ho un appartamento al secondo piano a 500 metri dal mare con un bell'ingresso, un garage e due bagni e ci sono due bei terrazzi che danno sul giardino.

○ Quant'è l'affitto?

■ In agosto sono duemilasessantacinque euro, escluse le bollette.

VOCABULARY	
l'agenzia	agency
l'appartamento	apartment
affittare	to rent
la camera da letto	bedroom
il piano terra	ground floor
la cucina	kitchen
moderno/a	modern
l'ingresso	entrance hall
dare su	look on to
l'affitto	rent
la bolletta	utility bill

✓ The adjective *bello* ('beautiful')

When **bello** follows a noun, it has regular adjective endings –o/-a/-i/-e:
bello, belli, bella, belle.

> I giardini sono **belli**. The gardens are beautiful.

However, when it comes before a noun, it takes the same endings as
the definite article.

singular **bel, bello, bell', bella**
plural **bei, begli, belle**

un **bel** giardino	**bei** giardini	(garden)
un **bello** specchio	**begli** specchi	(mirror)
un **bell'**appartamento	**begli** appartamenti	(flat)
una **bella/bell'**isola	**belle** isole	(island)
una **bella** casa	**belle** case	(house)

un **bell'**appartamento ammobiliato – a nice furnished flat
bei mobili – nice furniture

✓ Ordinal numbers

Ordinal numbers agree in gender and number with the noun they
refer to.

primo/a	first	**sesto/a**	sixth
secondo/a	second	**settimo/a**	seventh
terzo/a	third	**ottavo/a**	eight
quarto/a	fourth	**nono/a**	ninth
quinto/a	fifth	**decimo/a**	tenth

> A che piano abita? Abito al **primo piano**. On which floor do you
> live? I live on the first floor.
> Ci sono posti in **seconda fila**? Are there any seats in the second row?

ACTIVITY 14

Complete the sentences with the appropriate forms of the
adjective **bello**.

1 Che _____ mobili, dove li hai comprati?
2 Ieri siamo andati al cinema a vedere un _____ film
  dei fratelli Taviani.
3 Per l'anniversario di matrimonio mi hanno regalato un
  _____ specchio.
4 Giorgio ha _____ occhi azzurri.
5 Al mercatino dell'antiquariato abbiamo comprato un
  _____ armadio antico.

🎧 Now do activities 15 and 16 on the recording.

Annunci turistici

CULTURE

A

Dolomiti
Villetta 6 posti letto
affittasi mesi estivi
per informazioni telefonare 0141 555313

B

**affitto lussuoso
appartamento in residence**
libero giugno
Lido di Venezia zona tranquilla
€2065

C

**Albergo Oceano 4 stelle camere doppie
luglio/agosto**

€105 per notte, prima colazione
posto macchina, piscina, sauna,
spiaggia privata, ascensore, campo da tennis

D

**A Tropea, pensione Mare Blu
conduzione familiare
sconti per viaggi di nozze
camere luminose con vista
sul mare**

E

**RIMINI
soggiorni in villaggio turistico**
bungalow disponibili per 4/5 persone
maggio/giugno
spettacoli serali con animatori
bar, discoteca, sala giochi

le Dolomiti	Dolomites
il residence	self-catering accommodation
la villetta	small villa
la stella	star
il posto macchina	parking space
la sauna	sauna
l'ascensore (m)	lift
la pensione	bed and breakfast
conduzione familiare	run by a family
il viaggio di nozze	honeymoon
luminoso	bright
il soggiorno	stay
la vista	view
disponibile	available
lo spettacolo	entertainment, show
l'animatore	entertainment organizer
la sala giochi	games room, arcade

ACTIVITY 17

What advert would you reply to if you were:

1 a young person looking for somewhere to spend a holiday with friends?
2 on honeymoon on a tight budget?
3 a couple with 4 children, looking for a place in the mountains?
4 looking for a comfortable but active holiday at the seaside?
5 looking for an early and quiet holiday at the beach?

ACTIVITY 18

Now write adverts for the following places.

1 a 3-star hotel with swimming pool, lift, and parking space, rooms available in August
2 a flat for four in Venice in the centre, available during the summer months
3 twin bedrooms in a bed and breakfast run by a family, with a sea view and terrace; a discount offered in June

12.5 Un amico di troppo

DOPO LA FESTA
AFTER THE PARTY

Caterina e Stefania parlano della festa della sera prima.

piacevole	pleasant
il condominio	block of flats, condominium
enorme	enormous, huge
eccezionale	exceptional
dovresti	you should
avere intenzione di	to intend to
era ora	it's about time
crudele	cruel

ACTIVITY 19

Listen to the story and correct the statements which are false.

1 Stefania enjoyed the party.	V / F
2 Caterina asks if Massimo was at the party.	V / F
3 Roberto lives on the ground floor.	V / F
4 Stefania is worried about Roberto because he had too much to drink the night before.	V / F
5 Stefania does not want to tell Roberto who Massimo is.	V / F

ACTIVITY 20

Listen to the story again and put the following sentences in the order you hear them.

1 Roberto's grandmother is an exceptional woman.
2 Roberto drank too much at the party.
3 The party was outside on the terrace.
4 Stefania is going to talk to Roberto about Massimo.
5 Stefania spent a pleasant evening.

ACTIVITY 21

Listen to the story and find the Italian equivalent for the following.

1 Who was there?
2 What is Roberto's house like?
3 He wasn't well when the party finished.
4 You've been very cruel.

STORY TRANSCRIPT

Caterina	Allora, ti è piaciuta la festa a casa di Roberto?
Stefania	Sì, è stata una serata molto piacevole.
Caterina	Chi c'era?
Stefania	C'era sua sorella con il bambino, parenti, e amici di Roberto.
Caterina	Com'è la casa di Roberto?
Stefania	Molto bella. Vivono all'ultimo piano in un condominio in centro, in un bell'appartamento. Hanno un terrazzo enorme, con la vista di tutta la città. Siamo stati lì fuori tutta la serata.
Caterina	E sua nonna, che tipo è?
Stefania	Oh, sua nonna è davvero eccezionale. Abbiamo parlato a lungo. Veramente sono un po' preoccupata per Roberto.
Caterina	Perché?
Stefania	Ieri sera ha bevuto un po' troppo e già non stava bene quando la festa è finita. Ecco Massimo – devo andare.
Caterina	Un attimo, Stefania. Ma l'hai spiegato a Roberto chi è Massimo?
Stefania	No, non ancora …
Caterina	Che aspetti? Dovresti dirglielo!
Stefania	Sì, ho intenzione di dirglielo stasera. Andiamo a teatro insieme.
Caterina	Era ora. Sei stata molto crudele!

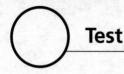
Now it's time to test your progress in Unit 12.

1 Complete the adverts with the appropriate word from the box.

> **camera   cerca   doppia   escluse   periferia**

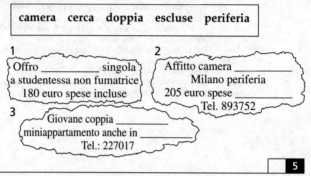

1

Offro _____ singola
a studentessa non fumatrice
180 euro spese incluse

2

Affitto camera _____
Milano periferia
205 euro spese _____
Tel. 893752

3

Giovane coppia _____
miniappartamento anche in _____
Tel.: 227017

5

2 Reorder the sentences to make a dialogue. Start with **g**.

a Certo, ecco il mio passaporto.
b Abbiamo una doppia con doccia.
c Va bene, la prendo. A che ora è la colazione?
d Con doccia, per piacere.
e Dalle 7.30 alle 9.00. Mi dà un documento, per cortesia?
f Con bagno o con doccia?
g Buonasera. Cerco una camera singola per tre notti.
h Ed ecco la sua chiave.

7

3 Complete the text with the appropriate word from the box.

> **ammobiliato   appartamento   ascensore   bagni**
> **garage   mobili   periferia   piano   spazioso**

Io e il mio ragazzo ci sposiamo a fine mese e abbiamo
deciso di comprare un _____ . Cerchiamo un
appartamento in _____ , non _____ , perché abbiamo
i nostri _____ . Abbiamo già visto un paio di
appartamenti, ma purtroppo uno non aveva il _____ ,
l'altro non era abbastanza _____ . Domani andiamo a

vederne un altro, è al quinto _____ , ma per fortuna c'è
l'_____ . È in una zona residenziale, ha il garage, il
giardino, e due _____ .

9

4 Answer the questions, replacing the underlined words
   with the appropriate direct object pronoun. Remember
   to make the past participle agree where necessary.
   Esempio: Hai visto la casa di Paola? *Sì, l' ho vista.*

   1 Hai lavato le finestre?
   2 Hai pulito la tua stanza?
   3 Avete comprato i mobili per la cucina?
   4 Hanno ristrutturato l'appartamento?
   5 Hai chiesto il numero?
   6 Avete affittato la casa?
   7 Gli hai prestato tu i soldi per comprare il computer?
   8 Hanno venduto la villa al mare.

8

5 Put the exclamations into the plural.
   Example: Che bel terrazzo! *Che bei terrazzi!*

   1 Che bella stanza!   4 Che bello studio!
   2 Che bel bagno!   5 Che bella piscina!
   3 Che bell'albergo!   6 Che bella casa!

6

6 Match 1–6 with the correct response from a–f.

   1 L'albergo è aperto tutto   a Per quante notti?
      l'anno?
   2 A che ora si serve la cena? b No, è chiuso in
                                      inverno.
   3 Posso portare le valigie   c Sì, le accettiamo
      nella sua stanza?   tutte.
   4 Vorrei prenotare due   d Al quinto.
      camere singole.
   5 Accetta carte di credito?   e Sì, grazie.
   6 A che piano è la camera?   f Dalle 20 in poi.

6

TOTAL SCORE **41**

If you scored less than 31, go through the dialogues and the
Language building sections again before completing the
summary on page 180.

Summary 12

Now try this final test summarizing the main points covered in this unit. You can check your answers on the recording.

How would you:
1 say that you want to book a double room for a week?
2 say that you want a room with a shower?
3 say that the television doesn't work?
4 ask if you can have the key?
5 ask if you can have breakfast in your room?
6 ask 'do you have anything else?'?
7 say 'here's my passport'?

REVISION

Imagine you're calling a hotel to book a holiday for your family. Say what you're looking for – how many rooms, what type, how many people, what facilities, etc. Then imagine the conversation you would have when you arrived at the hotel to check it. Also prepare the phrases you would need if you had to complain, if something in your room was missing or did not work.

Finally, imagine you want to spend a month in Florence and need to rent a house. Think about the specifications of the accommodation you would require and the conversation you would have with the person letting the property.

Use your dictionary to find out the words you don't know.

13

How are you feeling?
Come ti senti?

OBJECTIVES

In this unit you'll learn how to:

✓ understand advice and instructions

✓ say how you feel

✓ describe an accident

And cover the following grammar and language:

✓ the imperative

✓ the use of **sapere** and **conoscere** ('to know')

✓ object pronouns with the imperative

LEARNING ITALIAN 13

Don't forget to go back and revise previous units. Read through the dialogues of some earlier units, listen to the recordings as often as you can, and look again at the test sections. You'll probably be pleasantly surprised at how much you can remember. Make a note of what you still find difficult and try to brush up on these areas.

 Now start the recording for Unit 13.

Don't eat any chocolate
Non mangiare cioccolato

ACTIVITY 1 is on the recording.

ACTIVITY 2

Correct the statements which are false.

1 Luisa is on a diet.	V / F
2 Luisa likes chocolate.	V / F
3 Luisa should eat fruit in the afternoon.	V / F
4 Luisa should not eat bread in the evening.	V / F

DIALOGUE 1

○ Luisa, per le vacanze hai bisogno di un costume?

■ No, Claudia, per carità! Prima di comprare un costume devo perdere almeno 5 chili!

○ Sei a dieta?

■ No, non ancora, sono molto golosa e non so rinunciare al cioccolato!

○ Ho una dieta infallibile. Ho perso due chili in una settimana.

■ Davvero? Cosa devo fare?

○ Semplicissimo. La mattina mangia una banana e bevi un caffè. A pranzo mangia un piatto di pasta – condita solo con dell'olio d'oliva, ma poca – non esagerare. Se hai fame il pomeriggio prepara una macedonia.
E la sera, mangia 100 grammi di carne magra o di pesce, con della verdura, e 50 grammi di pane integrale.

■ E funziona? Sei sicura?

○ Certo, ma fa' dello sport, va' in palestra e soprattutto … non mangiare cioccolato!

VOCABULARY

il costume	swimming costume, swimsuit
per carità!	you've got to be joking!
essere a dieta	to be on a diet
goloso/a	greedy
rinunciare a	to give up
infallibile	infallible
esagerare	to exaggerate, to overdo
magro/a	lean, thin
integrale	wholemeal

⊘ The imperative (1)

The imperative is used to give orders, instructions.

– the **tu** imperative is the same as the present tense except for **-are** verbs
– the **noi** and **voi** imperatives are the same as the present tense

	parlare	prendere	dormire
(tu)	parla	prendi	dormi
(voi)	parlate	prendete	dormite
(noi)	parliamo	prendiamo	dormiamo

Torna presto. Come back early.

Note the following verbs have some irregular imperative forms.

	tu	*voi*		*tu*	*voi*
andare	va'	andate	essere	sii	siate
avere	abbi	abbiate	fare	fa'	fate
dare	da'	date	stare	sta'	state
dire	di'	dite			

You will also find the infinitive used in formal instructions.

Convalidare il biglietto. Stamp your ticket.
Spingere la porta. Push the door.

⊘ NEGATIVE IMPERATIVE (1)

The **noi** and **voi** forms just add **non** in front of the imperative. The **tu** form instead, requires the infinitive after **non**: **non mangiare, non bere, non dormire**.

Non facciamo tardi. Let's not be late.
Non bere troppa birra! Don't drink too much beer!

ACTIVITY 3

Complete the text with the correct verb from the box: put it in the appropriate imperative form.

> andare fare esagerare mangiare guardare
> prendere usare dormire bere mangiare

Se vuoi mantenerti in forma _____ molto sport, _____ in palestra due volte alla settimana e non _____ l'autobus, _____ la bicicletta! Non _____ cibi grassi, patatine e cioccolato. _____ molta frutta e verdura e non _____ troppa birra. _____ otto ore per notte e non _____ troppo la televisione. Ma non _____: la vita è bella!

 Now do activities 4 and 5 on the recording.

Take three aspirins a day
Prenda tre aspirine al giorno

ACTIVITY 6 is on the recording.

ACTIVITY 7

1 What is wrong with the woman?
2 Does she have a temperature?
3 Does she have a stomachache?
4 How long will she have to stay in bed for?

DIALOGUE 3

○ Dottore, buongiorno. Sono qui perché in questi giorni non mi sento molto bene, ho mal di gola, mal di testa e sono sempre stanca.

■ Vediamo un po' … Mi faccia vedere la gola … Sì, è un po' infiammata…e ha anche un po' di febbre.

○ Cosa mi consiglia di fare?

■ Soffre di mal di stomaco?

○ No.

■ Stia a letto per un paio di giorni, prenda tre aspirine al giorno, mangi poco, beva molto. È l'unico rimedio per l'influenza.

○ E se tra quattro o cinque giorni non sto ancora bene?

■ Torni da me e le prescrivo un medicinale più forte. Intanto vada in farmacia e compri delle vitamine.

○ Va bene. La ringrazio, Dottore. Arrivederla.

VOCABULARY

mal di gola	sore throat
mal di testa	headache
mi faccia vedere	let me see
infiammato/a	inflamed
la febbre	fever, temperature
soffrire di	to suffer from
mal di stomaco	stomachache
un paio di	a couple of
il rimedio	remedy
l'influenza	flu
prescrivere	prescribe
il medicinale	medicine
la vitamina	vitamin
ringraziare	to thank

⊘ The imperative (2)

The following are the forms of the imperative to use with people you address more formally (as **lei**).

	parlare	prendere	dormire
(lei)	parli	prenda	dorma

Verbs ending in **-care** and **-gare** add an **h** in the **lei** form.

   Cerchi di riposare. Try to get some rest.

Note the following verbs which have some irregular imperative forms.

andare	*vada*	dare	*dia*	fare	*faccia*
avere	*abbia*	dire	*dica*	stare	*stia*
bere	*beva*	essere	*sia*	venire	*venga*

For the negative just add **non** in front of the **lei** form.

⊘ Parts of the body

Note the irregular plurals in brackets:

arms	il braccio (le braccia)	knee	il ginocchio (le ginocchia)
ear	l'orecchio (le orecchie)	leg	la gamba
eye	l'occhio (gli occhi)	neck	il collo
foot	il piede	shoulder	la spalla
hands	la mano (le mani)	throat	la gola
head	la testa	tooth	il dente

To say something hurts you, you use **fa male** or (for plural subjects) **fanno male** with the appropriate indirect pronoun.

   Cosa ti fa male? Where does it hurt?
   Mi fa male un dente. I have toothache.
   Vi fanno male le gambe? Do your legs hurt?

ACTIVITY 8

Complete the sentences using the **lei** imperative of the verbs in brackets.

1 Signora Moreno, non _____ troppo! (fumare)
2 Signor Moreno, _____ meno alcolici! (bere)
3 Dottore, _____ buon viaggio! (fare)
4 Signor Giuliani, _____ questo pomeriggio! (venire)
5 Signora Marino, non _____ troppe vitamine! (prendere)

 Now do activities 9 and 10 on the recording.

What happened?

Cosa è successo?

ACTIVITY 11 is on the recording.

ACTIVITY 12

Complete this summary of the dialogue.

Fernando e Marina sono andati a fare la settimana bianca.
Purtroppo Fernando è _____ e si è rotto un
_____ . È rimasto in _____ per una
_____ e ora deve tenere il gesso per un
_____ . Ma a _____ vuole _____
sulle piste da sci.

DIALOGUE 3

○ Fernando, ciao! Ma cosa hai fatto al braccio?
■ Sai, io e Marina siamo andati a Selva per la settimana
  bianca …
○ Sì …
■ Beh, era una giornata splendida, ma fredda. Siamo
  andati a sciare presto … Sai dov'è la pista nera?
○ Sì, conosco bene Selva.
■ Ero lì, la neve era ancora ghiacciata e così …
○ Sei caduto …
■ Sì, sono stato fortunato – mi sono solo rotto un braccio.
  Poteva andare peggio.
○ Dimmi, quanto tempo sei rimasto in ospedale?
■ Una settimana: purtroppo era una brutta frattura.
○ E per quanto tempo devi tenere il gesso?
■ Per un mese. E a Pasqua posso tornare sulle piste da sci!
○ Intanto riguardati e riposati. Pasqua è ancora lontana!

VOCABULARY

la settimana bianca	skiing week
la pista	piste
la pista nera	black run
cadere	to fall
mi sono rotto un braccio	I broke my arm
rompersi	to break
tenere	to keep
il gesso	plaster
riguardarsi	to look after oneself

✓ The use of *sapere* and *conoscere* ('to know')

sapere means to know *a fact,* followed by infinitive it means 'to be able' (see page 157).

Sai quando è uscito? Do you know when he went out?

conoscere means instead to know *a person or a place.*

Conosci mia suocera? Do you know my mother-in-law?
Conosco abbastanza bene l'Italia. I know Italy quite well.

✓ The imperative and the pronouns (3)

Direct and indirect object pronouns come *before the lei imperative.*

Lo mangi!	Eat it!	**Le parli!**	Talk to her!

However, they are added to the *end of the other imperative forms.*

Mangialo!	Eat it!	**Parlale!**	Talk to her!
Facciamoli!	Let's make them!	**Telefonateci!**	Phone us!

In the **tu** imperative forms of **andare, fare, dare, dire,** and **stare,** the first letter of the pronoun is doubled, except for **gli:**

Dillo!	Say it!	**Fallo!**	Do it!
Dimmi!	Tell me!	**Vacci!**	Go there!
Stammi vicino!	Stay next to me!		

Digli che arrivo domani. Tell him I'll arrive tomorrow.

Reflexive pronouns follow the same rules as the object pronouns.

(tu) **alzati!**   (voi) **alzatevi!**   (noi) **alziamoci!**   (lei) **si alzi**

✓ NEGATIVE IMPERATIVE (2)

Object pronouns come *before the lei imperative.*

Non **lo** dica! Don't say it!

They can either come *before the tu imperative* or be added on to the *end* of it, in which case the final *-e* of the infinitive is dropped.

Non **dirlo!**/Non **lo dire!** Don't say it!
Non **toccatelo!** Don't touch it!

ACTIVITY 13

You're trying to persuade your son to get up for school.
Esempio: svegliarsi! *Elio, svegliati!*

1 alzarsi
2 lavarsi
3 farsi la doccia
4 asciugarsi i capelli
5 vestirsi

 Now do activities 14 and 15 on the recording.

(13.4) Young people and smoking
I giovani e il fumo

ACTIVITY 16

Read the two articles on smoking and answer the questions on each.

1 Which age group shows the highest increase in numbers of smokers?
2 What are the percentages of Italian men and women who smoke?
3 How many people on average die every year?

Giovani che fumano

Uno su dieci a tredici anni, e tre su dieci a diciannove anni. Aumentano i fumatori tra i giovani italiani, specialmente nella fascia tra i quindici e i ventiquattro anni. Sono saliti in cinque anni dal 17,4 al 20,5 per cento. Ma i numeri forniti dall'Organizzazione Mondiale della Sanità a Roma non si fermano qui: tre uomini su quattro e una donna su due hanno già acceso la prima sigaretta a diciannove anni. A fumare in Italia è il 33,1 per cento dei maschi e il 17,3 per cento delle femmine. La media dei morti è 90 mila l'anno.

Secondo l'OMS, per ridurre i numeri, che porteranno nel 2020 il tabacco in testa alle cause di morte, è necessaria la prevenzione tra gli adolescenti. Tra le proposte per finanziarla c'è l'aumento del prezzo delle sigarette.

adapted from *L'Espresso,* 15 luglio 1999

---

4 What could be done to force 13% of smokers to quit?
5 Which age group would suffer most from a rise in price?
6 Who else would suffer?

Caro fumo

Per far smettere di fumare il tredici per cento dei tabagisti si potrebbe aumentare del 50 per cento il costo del pacchetto di sigarette. I più sensibili all'aumento dei prezzi sarebbero i giovani tra i 18 e i 24 anni e le minoranze etniche e sociali.
(Center for Disease Control, Atlanta, USA)

adapted from *L'Espresso,* 13 agosto 1998

---

uno su dieci	one in ten	**la media**	average
aumentare	to increase	**ridurre**	to reduce
il fumatore	smoker	**la prevenzione**	prevention
la fascia	group	**la proposta**	proposal
salire	to go up	**finanziare**	to finance
fornito/a	provided	**il prezzo**	price

smettere	to quit	**sensibile**	sensitive
il tabagista	heavy smoker	**la minoranza**	minority
si potrebbe	one could	**sarebbero**	would be
il pacchetto	packet, pack		

ACTIVITY 17

Complete the text with the appropriate word from the box.

> **aiutare aumentati fumo morte
> per cento sigarette uomini**

I giovani fumatori italiani sono _____ dal 17,4 al 20,5
_____ in 5 anni.
In Italia fuma il 33,1% degli _____ e il 17,3% delle donne.
Nel 2020 il _____ potrebbe diventare la principale causa
di _____ .
La prevenzione potrebbe _____ molti giovani e per
finanziarla si potrebbe aumentare il prezzo delle _____ .

ACTIVITY 18

A Your friend's lifestyle is not very healthy, so you're
giving him some advice.

1 Tell him to do more sport.
2 Tell him to eat more fruit.
3 Tell him to go on a diet.
4 Tell him to smoke fewer cigarettes.
5 Tell him to go to the gym.

B If you were giving this advice to someone you knew less
well, what would you say?

ACTIVITY 19

Where would you see the following signs? Match each with
the appropriate place.

1 NON ATTRAVERSARE I BINARI
2 VIETATO FUMARE
3 LASCIARE FUORI IL CANE
4 NON GIRARE A DESTRA

a negozio b aereo c stazione d strada

ACTIVITY 20

Signor Rossini has left his glasses at home – so you need to
warn him when you see the signs above. What do you say? **189**

13.5 Un amico di troppo

UNA RIVELAZIONE
A REVELATION

Stefania e Roberto vanno a bere qualcosa prima di andare a teatro.

si tratta di ...	it's about ...
contento/a	pleased, happy
dappertutto	everywhere
il Governo	Government
la posizione	position
la guardia del corpo	bodyguard
geloso/a	jealous
dovrei	I should

ACTIVITY 21

Listen to the story and complete the following.

1 Roberto — **a** has a stomachache **b** has a sore throat **c** is fine.

2 At the party, Roberto — **a** drank too much **b** smoked too much **c** danced too much.

3 Stefania's father — **a** is a lawyer **b** is a bodybuilder **c** works for the government.

4 Massimo is Stefania's — **a** brother **b** bodyguard **c** personal trainer.

ACTIVITY 22

Listen to the story and then complete the sentences using the words in the box.

vederti   guardia   mal   tratta di   tra

1 Massimo è la mia _____ del corpo.
2 Mi sono svegliato con un terribile _____ di testa.
3 Sono contento di _____ stasera.
4 Lo spettacolo comincia _____ pochi minuti.
5 Si _____ Massimo.

ACTIVITY 23

Put the following sentences in the correct order.

1 Roberto dice di essere stato geloso.
2 Roberto non si sente bene.
3 Stefania rivela che Massimo è la sua guardia del corpo.
4 Stefania ha una cosa importante da dire a Roberto.
5 I due ragazzi decidono di parlare più tardi.

STORY TRANSCRIPT

Stefania	Ciao, Roberto. Come stai?
Roberto	Ciao, Stefania. … Sono stato malissimo. Deve esser stato qualcosa che ho mangiato ieri sera.
Stefania	Mangiato?? Forse bevuto!
Roberto	Hai ragione, ho bevuto un po' troppo. Mi sono svegliato con un mal di testa e un mal di stomaco terribili stamattina e non ho mangiato niente tutto il giorno.
Stefania	Stai meglio ora?
Roberto	Sto meglio sì. Sono contento di vederti stasera.
Stefania	Anch'io. Roberto, dovrei dirti una cosa, veramente è un po' che voglio parlartene.
Roberto	Cosa c'è?
Stefania	Si tratta di Massimo. … Vorrei spiegarti perché mi segue dappertutto.
Roberto	Ah, sentiamo allora …
Stefania	Non è come pensi tu. Massimo è …
Roberto	Chi è?
Stefania	Sai, mio padre lavora per il governo. Ha una posizione importante e Massimo è la mia guardia del corpo.
Roberto	La tua guardia del corpo??? Perché hai aspettato così tanto per dirmelo?
Stefania	Non potevo dirtelo – ti conoscevo appena.
Roberto	E per tutto questo tempo io sono stato così geloso!!
Stefania	Dai, parliamo più tardi. Andiamo a teatro – lo spettacolo comincia tra pochi minuti!

Test

Now it's time to test your progress in Unit 13.

1 For the comments 1–6 find the appropriate response from a–f.

1 Ho mal di testa.   a Guarda la televisione.
2 Ho sete.   b Va' all'estero.
3 Abbiamo freddo!   c No, grazie, siamo stanchi.
4 Avete voglia di andare
  a teatro?   d Prendi un'aspirina.
5 Dove mi consigli di
  andare in vacanza?   e Bevi qualcosa.
6 Non ho voglia di uscire.
  Cosa posso fare?   f Chiudete la finestra.

6

2 Your 13-year-old son is asking your advice on what to do. Complete your responses using the correct imperative.

1 Mamma, non ho voglia di mangiare la banana!
   (**Mangiare**) _____ una mela!
2 Mamma, non voglio giocare con Pierino.
   (**Giocare**) _____ con Alberto.
3 Mamma, posso comprare un gelato?
   Sì, (**andare**) _____ dal gelataio, ma (**fare**) _____
   attenzione quando attraversi la strada.
4 Mamma, posso bere la coca cola?
   Sì, ma non (**bere**) _____ troppo in fretta.
5 Mamma, posso andare a giocare in giardino?
   Sì, ma non (**tornare**) _____ tardi.

6

3 Fill in the blanks using the **lei** imperative.

A Scusi, mi sa dire dov'è l'ospedale?
B Certo, non è lontano. (1 **Prendere**) _____ l'autobus
  numero due. (2 **Scendere**) _____ alla seconda
  fermata, poi (3 **andare**) _____ sempre dritto, quando
  arriva al semaforo, (4 **girare**) _____ a destra. Quando
  vede una chiesa, (5 **continuare**) _____ sempre dritto
  e l'ospedale è proprio lì davanti.

A Grazie, dov'è la fermata dell'autobus?

B (6 **Attraversare**) _____ la strada al semaforo, la fermata è accanto all'edicola.

6

4 Complete the sentences choosing the correct form of the present tense of **sapere** or **conoscere**, as appropriate.

1 _____ dov'è Trieste? (tu)
2 _____ perché non sono partiti ieri? (voi)
3 _____ i vostri colleghi. (noi)
4 _____ Giacomo. (io)
5 _____ chi è tua cugina. (lei)
6 _____ bene l'Italia. (loro)
7 _____ parlare il portoghese. (voi)

7

5 Put the dialogue in order. Start with **d**.

a Un appuntamento? Allora… tra tre settimane, il 2 settembre, va bene?
b Mi dispiace, ma non ho altro. Un attimo, chiedo al dentista … pronto?
c Sì?
d Pronto, studio del dentista Franchini.
e Pronto, buongiorno. Vorrei fissare un appuntamento.
f Può venire stasera verso le sette, va bene?
g Tre settimane? No, è urgente, ho un mal di denti terribile.
h Benissimo. La ringrazio.

8

6 Complete the sentences with the appropriate form of the imperative.

1 Signora Ricciardi, sembra stanca, _____ ! (riposarsi)
2 Sabrina, _____ ! (pettinarsi)
3 Cristina, _____ allo specchio! (guardarsi)
4 Caterina, _____ ! (accomodarsi)
5 Signor Molteno, _____ ! (accomodarsi)
6 Carola _____ sempre allo specchio! (non guardarsi)

6

TOTAL SCORE **39**

If you scored less than 29, go through the dialogues and the Language building sections again before completing the summary on page 194.

Summary 13

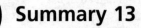

Now try this final test summarizing the main points covered in this unit. You can check your answers on the recording.

How would you:
1 ask a friend if he has a headache?
2 say that you'd like to make an appointment with the doctor?
3 advise your son not to come back late tonight?
4 advise your friends to visit Naples in the summer?
5 tell your wife to buy some milk?
6 say that you know where the bank is?
7 ask your friends if they know a good restaurant?
8 tell your daughter to do some sport or go to the gym?

REVISION

Imagine yourself at the doctor's, explain to him what is wrong with you, your symptoms, etc.

Then imagine that your friend asks your advice because she wants to put on some weight. Tell what she should be eating during the day.
Use your dictionary to find out the words you don't know.

I'd like to be a painter
Mi piacerebbe fare il pittore

LEARNING ITALIAN 14

Everybody has different motivations and priorities in learning a language, but certainly the common aim is to communicate with others. You don't have to be a hundred per cent correct in order to make yourself understood. Similarly you don't have to understand everything you hear in order to grasp the content of a message. So it may be better to concentrate on developing accuracy in writing: this is the place to consolidate sentence structure, verb endings, and gender and number agreements. Why not start writing a diary in Italian? Just a paragraph a day will help develop your fluency. When you write you have time to think about these and to get them right, and a more accurate grasp of grammar here will feed through into your spoken language.

 Now start the recording for Unit 14.

We'll rent a villa in the country

Affitteremo una villa in campagna

🎧 **ACTIVITY 1** is on the recording.

ACTIVITY 2

1 What is Valeria planning to do on New Year's Eve?
2 Where are Mario and Silvia going?
3 Are they planning to eat at home or in a restaurant?
4 Where is Mario going now?

DIALOGUE 1

○ Valeria, avete deciso cosa fare per l'ultimo dell'anno?

■ No, non ancora, ma probabilmente resteremo a casa, organizzeremo una cena con gli amici. E tu e Silvia?

○ Affitteremo una villa in campagna e inviteremo alcuni amici. Più tardi vado in agenzia per informarmi.

■ È una buona idea. Cenerete a casa o al ristorante?

○ A casa. Silvia vuole preparare tutto lei anche se poi all'ultimo momento chiederà aiuto a Paola. Se non avete ancora deciso niente, perché non venite anche voi?

■ Grazie dell'invito, ne parlerò con Marcello stasera. Ma dove dormiremo?

○ Se venite anche voi, affitteremo una villa con dodici posti letto. Ora vado in agenzia e poi vi faccio sapere.

■ Allora ci sentiamo stasera. Ciao, Mario!

VOCABULARY

l'ultimo dell'anno	New Year's Eve
organizzare	organize
informarsi	to get information
l'aiuto	help
con dodici posti letto	sleeping 12
vi faccio sapere	I'll let you know

✓ The future tense (1)

The future tense is used to express an action that will take place in the future.

It is formed by dropping the final **-e** of the infinitive and adding the future endings. In **-are** verbs, the **-a** in the infinitive changes to **-e**.

	parlare – to speak		
(io)	**parlerò**	(noi)	**parleremo**
(tu)	**parlerai**	(voi)	**parlerete**
(lui/lei; lei)	**parlerà**	(loro)	**parleranno**

Verbs ending in **-ciare** and **-giare** drop the **-i** in the future tense.

A che ora **mangerete** stasera? What time will you eat tonight?

Il corso di francese **comincerà** a gennaio. The French course will start in January.

Verbs ending in **-care** and **-gare** add an **-h**.

Ora non ho tempo per cercare le chiavi della macchina – le **cercherò** dopo. I don't have time to look for the car keys now – I'll look for them later.

	prendere – to take	**dormire** – to sleep
(io)	**prenderò**	**dormirò**
(tu)	**prenderai**	**dormirai**
(lui/lei; lei)	**prenderà**	**dormirà**
(noi)	**prenderemo**	**dormiremo**
(voi)	**prenderete**	**dormirete**
(loro)	**prenderanno**	**dormiranno**

All verbs take the same endings in the future, but some verbs have an irregular future stem (see p.199).

As in English, the present tense is frequently used for the immediate future.

Domani **vado** in spiaggia. Tomorrow I'm going/I'll go to the beach.

ACTIVITY 3

Match 1–5 with the appropriate ending from a–e.

1 Tra un mese compreremo   a in Italia?
2 Mio figlio finirà gli studi   b un corso di marketing.
3 Quando tornerete   c l'anno prossimo.
4 Se accetto questo lavoro   d una macchina nuova.
5 A settembre Angela
    comincerà   e andrò ad abitare a Roma.

 Now do activities 4 and 5 on the recording.

What will you do when you're grown up?

Cosa farai da grande?

ACTIVITY 6 is on the recording.

ACTIVITY 7

1 What will Pierino do when he's grown up?
2 For which teams would Pierino like to play?
3 What does his father tell him?
4 Which countries is he planning to visit?
5 Who is Paolo?

DIALOGUE 2

○ Pierino, cosa farai da grande?
■ Da grande farò il calciatore.
○ Il calciatore? E non andrai all'università? Non continuerai gli studi?
■ No, mamma, non mi piace studiare.
○ Per quale squadra vuoi giocare?
■ Per la Fiorentina, e poi un giorno giocherò anche per la Nazionale italiana. Papà dice sempre che sono bravo e che diventerò famoso.
○ Ah, davvero papà dice così?
■ Sì. E quando sarò un calciatore famoso, potrò andare in giro per il mondo.
○ Dove ti piacerebbe andare?
■ In America, in Australia e in Brasile.
○ E porterai anche la tua mamma con te?
■ Certo, se vorrai venire … ma prima dovrò fare tanto allenamento con papà e Paolo.
○ Chi è Paolo?
■ È in classe mia. Anche lui diventerà un calciatore famoso e giocherà nella mia squadra.
○ Beh … intanto perché non finisci i compiti per domani?

VOCABULARY	
da grande	when I'm/you're (etc.) grown up
la squadra	team
in giro per il mondo	round the world
ti piacerebbe	you would like
l'allenamento	training
i compiti	homework

✅ The future tense (2)

The following verbs have an irregular future stem: the regular future endings (-ò, -ai, à, -emo, -ete, -anno) are added.

andare	**andr-**	essere	**sar-**	tenere	**terr-**
avere	**avr-**	fare	**far-**	vedere	**vedr-**
bere	**berr-**	potere	**potr-**	venire	**verr-**
cadere	**cadr-**	rimanere	**rimarr-**	vivere	**vivr-**
dare	**dar-**	sapere	**sapr-**	volere	**vorr-**
dovere	**dovr-**	stare	**star-**		

Saremo a casa per le cinque. We'll be home by five o'clock.
Quando **verrai** a Roma? When will you come to Rome?
Potranno andarci il mese prossimo. They'll be able to go next month.

ACTIVITY 8

Complete the sentences with the appropriate verb in the future tense from the box.

> andremo andrete potrò prenderemo
> rimarremo saranno saprà vorrà vedrà

1 Hai cercato le fotografie della festa? La nonna _____ vederle.
2 Sabato non _____ uscire con voi, devo andare a Firenze per lavoro.
3 Domani a quest'ora Giulio e Gaetana _____ in viaggio di nozze.
4 'Dove _____ in vacanza tu e Nicola?' Prima _____ a Madrid, _____ lì una settimana, poi _____ l'aereo per andare a Lisbona.
5 Appena arriva in fondo a Corso Umberto, _____ la stazione centrale
6 Emanuela non _____ mai quello che è successo veramente.

ACTIVITY 9

Use the future to say what you'll do each day next week.

lunedì	martedì	mercoledì	giovedì	venerdì	sabato
go to the dentist	do the shopping	buy tickets for the opera	start a new diet	go and see Teresa	ring Carlotta

🔊 Now do activities 10 and 11 on the recording.

199

14.3 I'd love a coffee!

Prenderei volentieri un caffè!

ACTIVITY 12 is on the recording.

ACTIVITY 13

1 Perché la città è deserta ad agosto?
2 Che cosa non farebbe Piera d'estate?
3 Perché non partirebbe in macchina Piera?
4 Che cosa farà probabilmente Piera quest'anno?

DIALOGUE 3

○ Che caldo! Farei volentieri un bagno!
■ Anch'io. Invece dobbiamo lavorare. Che noia! Tutti sono già in vacanza, eccetto noi.
○ Io comunque non prenderei mai le ferie ad agosto!
■ E perché? La città è quasi deserta ad agosto. È così triste!
○ Al contrario. È bellissima! Senza persone, senza traffico. Un paradiso!
■ Ma va'! Mia moglie vuole sempre andare al mare per ferragosto. Io personalmente preferirei andare in un posto più fresco, magari in montagna, ma non rimarrei mai in città. C'è troppo caldo!
○ Sì, ma per me sono ancora più insopportabili i chilometri di coda in macchina per uscire dalla città.
■ Ma potresti sempre partire in treno o in aereo …
○ Anche le stazioni e gli aeroporti sono affollatissimi.
■ Povera Piera! E allora che farai quest'anno?
○ Non so, forse farò un giro, ma … in bicicletta!

VOCABULARY

fare un bagno	to have a swim , to take a swim
eccetto	except
comunque	however
deserto/a	deserted
al contrario	on the contrary
un paradiso	paradise
ferragosto	*national holiday on 15 August*
personalmente	personally
insopportabile	unbearable
affollato/a	crowded
la bicicletta	bicycle

✔ The conditional

In Italian the conditional is used to express a wish or a probable action and to make polite requests and suggestions. The endings are the same for all verbs and, like the future tense are added to the infinitive less the final **-e**. As for the future, the **a** in **-are** verbs changes to **e**. The rules affecting the spelling of **cercare**, **mangiare**, etc. also apply: (see page 197.)

	parlare – to speak	**prendere** – to take	**dormire** – to sleep
(io)	**parlerei**	**prenderei**	**dormirei**
(tu)	**parleresti**	**prenderesti**	**dormiresti**
(lui/lei; lei)	**parlerebbe**	**prenderebbe**	**dormirebbe**
(noi)	**parleremmo**	**prenderemmo**	**dormiremmo**
(voi)	**parlereste**	**prendereste**	**dormireste**
(loro)	**parlerebbero**	**prenderebbero**	**dormirebbero**

Prenderei volentieri un caffè! I'd love a coffee!
Mi piacerebbe cambiare lavoro. I'd like to change job.
Potrebbe dirmi quanto costa? Could you tell me how much it is?

To emphasize a wish, the word **volentieri** is added to the sentence.

Uscirebbe volentieri con noi! He'd love to go out with us.

✔ Irregular conditional

The conditional of irregular verbs is formed by adding the regular endings to the irregular stems. These are the same as the future tense stems.

Potremmo fare una passeggiata. We could go for a walk.
Sarei felice di mostrarti casa mia. I'd be happy to show you my house.

ACTIVITY 14

Complete the sentences with the correct form of the conditional.

1 Mi _____ , ma oggi proprio non posso venire da Marcello. (piacere)
2 Anch'io ho fame. _____ volentieri un panino. (mangiare)
3 Uscite troppo. _____ studiare di più! (dovere)
4 Ragazzi, _____ con me in centro? Devo comprare un regalo per Guido. (venire)
5 Gino e Pina _____ sposarsi presto ma non hanno abbastanza soldi. (volere)

🎧 Now do activities 15 and 16 on the recording.   **201**

14.4 The Italians on holiday

Le vacanze degli italiani

ACTIVITY 17

1 In which months do the Italians like to go on holiday?
2 How can Italy offer such a variety of holidays?
3 What type of holiday has become more and more popular recently?
4 What are the features of this type of holiday?

Il periodo preferito dagli italiani per le vacanze è senz'altro luglio e agosto, mentre i turisti stranieri preferiscono spesso visitare l'Italia in mesi meno caldi. L'Italia per la sua storia e posizione geografica offre ai suoi visitatori una grandissima varietà di vacanze. Accanto all'Italia etrusca, romana e rinascimentale si ritrova infatti quella dei grandi villaggi turistici della costa come i Club Mediterranée e degli impianti sciistici delle Dolomiti.

Un fenomeno che da poco tempo è diventato sempre più popolare in Italia è *l'agriturismo*. Questo tipo di vacanza offre soggiorni in case molto semplici in campagna dove si può riscoprire il piacere di una vita rurale e senza stress, e il gusto di una cucina genuina.

A

AGRITURISMO L'Antico Casale

*Tecla e Remo vi aspettano e vi offrono
corsi di cucina, tennis, trekking
con soggiorno in comodi residence.
Potrete divertirvi a preparare pasta, vino,
olio o se preferite soltanto a gustarli !!*

B

Soggiorni-studio

in famiglia o residence delle
università
Imparate un'altra lingua con
qualche ora di studio la mattina
e tantissime attività culturali e
sportive nel tempo libero.

C

ASSISI

Centro turistico di grande
interesse per l'arte.
Vedrete capolavori di **Cimabue,
Lorenzetti, Giotto**
I nomi e le opere più famose
in tutto il mondo

D

CHARTER BUS
L'Europa in pullman!

F

*ESTATE ALPI
indimenticabile!*

E

CLUB HOTEL DEL MARE

Il villaggio turistico a soli 200m dal
mare offre fra i vari servizi e attività:
*2 Ristoranti, 3 Bar, campo da tennis,
discoteca, palestra, sauna,
2 piscine, solarium, boutique, pub,
supermercato e farmacia.*

inoltre	in addition
geografico/a	geographic
etrusco/a	Etruscan
romano/a	Roman
rinascimentale	of the Renaissance period
ritrovare	to encounter, to find
il villaggio turistico	holiday resort, vacation resort
gli impianti sciistici	ski resorts
il fenomeno	phenomenon
l'agriturismo	*holiday on farms/in other rural homes*
riscoprire	to discover again
rurale	rural
il casale	big country house
culturale	cultural
le Alpi	Alps
i servizi	facilities

ACTIVITY 18

Select from the box the appropriate headings for 1–5.

> vacanze   posti   servizi
> attività   tipi di soggiorno

1 residence, famiglie, bungalow
2 ristorante, pub, supermercato
3 giocare a tennis, nuotare, fare trekking
4 Alpi, Europa, Assisi
5 soggiorni-studio, agriturismo, Club hotel

ACTIVITY 19

Read the adverts again and identify which holiday each of the following refers to.

1 Quale vacanza scegliereste per imparare a cucinare?
2 Con quale tipo di vacanza non prendereste il treno o la macchina?
3 Con quale tipo di vacanze potreste fare dello sport?
4 Quale vacanza non offre solo passatempi?
5 Dove si possono vedere delle opere d'arte?

14.5 Un amico di troppo

 UN BRUTTO COLPO
A BITTER BLOW

Stefania dice a Roberto che andrà in Germania per un anno.

innanzitutto	first of all
consolare	to console
la carriera	career
la pratica	practice
il posto	job
superare	pass
Monaco	Munich
ufficialmente	officially
qualcun altro	someone else
sciocco/a	silly
evidentemente	evidently

ACTIVITY 20

1 Cosa vuole fare Stefania?
2 Perché vuole farlo?
3 Per quanto tempo vuole andare via?
4 Quando finirà Stefania l'università?
5 Che cosa propone Roberto a Stefania?
6 Che cosa potrebbe succedere secondo Roberto?

ACTIVITY 21

A Listen to the story again and circle the words in the box which you hear.

> **probabilità posto insegnare esperienza**
> **opportunità ragazzo incontrare esami**

B Complete the sentences with the correct word from those you circled.

1 Quanti _____ devi ancora dare per arrivare alla laurea? (**laurea** – degree)
2 È bello _____ gente con abitudini e gusti simili ai nostri!
3 Oggi senza istruzione ci sono poche _____ di far carriera.

4 Con l' _____ dei vecchi, i giovani eviterebbero tanti errori.

5 Rino cerca un nuovo _____ di lavoro nel campo dell'informatica.

ACTIVITY 22

What ending would you give to the story?
Join the different parts of the grid and see how many you can come up with.

Stefania	avrà	un ragazzo	a Monaco
Roberto	sposerà	una carriera	a Roma
Massimo	troverà	importante	a Venezia
Stefania e Roberto	incontrerà	un buon lavoro	in un'
Stefania e Massimo	si sposeranno	molti bambini	altra città
	avranno	un'altra ragazza	
	vivranno		

STORY TRANSCRIPT

Roberto   Ma cosa farai lì, tutta sola?
Stefania   Ma non sarò sola! Innanzitutto Massimo sarà con me.
Roberto   E questo dovrebbe consolarmi?
Stefania   Roberto, cerca di capire! È una grossa opportunità per me, per la mia carriera.
Roberto   Ma un anno è così lungo! Non potresti andare solo per un po' di pratica?
Stefania   Se accetto il posto, dovrò rimanere per tutto l'anno.
Roberto   E l'università? Hai ancora due anni da fare per finire l'università.
Stefania   Con questa esperienza in Germania, imparerò meglio il tedesco e sarà molto più facile superare gli esami.
Roberto   Allora hai proprio deciso?
Stefania   Ma perché non vuoi capire? E poi Monaco non è così lontano … Potremmo andarci insieme d'estate.
Roberto   Sì, mi piacerebbe molto. Volevo infatti chiederti di venire in vacanza con me quest'estate! Uhm … e volevo chiederti anche un'altra cosa … ma forse adesso è meglio di no …
Stefania   Dai, che cosa volevi chiedermi? Mi sembri molto preoccupato!
Roberto   Ecco io … beh, insomma….se volevi diventare ufficialmente la mia ragazza. Ma se vai a Monaco …
Stefania   Se vado a Monaco, cosa? Non lo vuoi più?
Roberto   Beh, potresti incontrare qualcun altro …
Stefania   Sei proprio sciocco, ma evidentemente … mi piacciono gli sciocchi!!

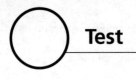

Test

Now it's time to test your progress in Unit 14.

1 Fill in the blanks with the appropriate verb in the future tense.
   Example: Dove andrai al mare? **Andrò** *a Portofino.*

   1 Hai già telefonato agli zii? No, _____ più tardi.
   2 Avete già risposto alla loro lettera? No, ma _____ più tardi!
   3 Laura ha già fatto la spesa? No, ma la _____ più tardi!
   4 Lorena, quando ti sposi? Non lo so, ma _____ prima o poi!
   5 Hai già visto Barbara? No, la _____ più tardi.
   6 A che ora arrivi domani? _____ verso le 10.
   7 Caterina, hai pagato la bolletta del telefono? No, la _____ domani.

   | 7

2 Make up some sentences using the words given and putting the infinitives in the future tense where necessary.

   1 (Noi)/venire/appena possibile.
   2 Debora/dovere/mettersi a dieta.
   3 (Lui)/cadere/se non fare attenzione.
   4 Oggi (io)/rimanere/a letto tutto il giorno.
   5 (Anche voi)/venire/alla festa di laurea?
   6 Se non (loro) potere/prendere la macchina/venire/in taxi.

   | 6

3 Put the lines in order to complete the text. Start with **c**.

   a abbiamo prenotato un appartamento vicino al mare.
   b A Milano, prenderemo l'aereo per
   c Quando arriveremo in Italia,
   d Da Torino poi prenderemo il treno
   e andremo subito a trovare i miei parenti a Torino.
   f e andremo a Milano, dove abita una mia amica.
   g andare in Sardegna dove

   | 6

4 Complete the sentences with the appropriate word from the box.

> avresti dormirei dovresti piacerebbe
> rimarrebbe uscirei vorrebbero

1 Oggi non vai a lavorare? Al posto tuo _____ tutta la mattina!
2 Stasera _____ volentieri, ma devo lavorare.
3 Marina e Claudio _____ andare ad abitare all' estero.
4 Susanna _____ alla festa, ma il fidanzato l'aspetta a casa.
5 Ti vedo molto stanca, _____ bisogno di una vacanza.
6 Hai l'influenza? _____ stare a letto.
7 Ci _____ studiare l'italiano, ma non abbiamo tempo!

7

5 Using the future tense, provide the questions for the following answers, using **quando**, **dove**, **chi**, **cosa**, and **come**.

1 Partiremo martedì.
2 Mi manterrò in forma con una dieta.
3 Verranno Davide e Bruna.
4 Passeremo il fine settimana in montagna.
5 Comincerà il nuovo lavoro il mese prossimo.
6 Metterò quel vestito nero che ho comprato a Parigi.
7 Viaggeranno in aereo.

7

6 How would you do the following in Italian using the conditional?
(2 points for each answer, 1 if you make a mistake)

1 Tell Giulio he should go to the doctor's.
2 Tell Sandra that she could have a beer.
3 Tell your friends that you'd like to change job.
4 Tell Alberto that you and Renata would like to invite him to your place.
5 Tell your son that his friends should be less noisy.

10

TOTAL SCORE   43

If you scored less than 33, go through the dialogues and the Language Building sections again before completing the Summary on page 208.

Summary 14

 Now try this final test summarizing the main points covered in this unit. You can check your answers on the recording.

How would you:
1 ask a friend what he's going to do in the summer?
2 tell a friend that you'll spend the weekend in the country?
3 ask your friends what they'll do tonight?
4 say that you'll study French next year?
5 say that Maria will invite all her friends?
6 say that you and Letizia will arrive before dinner?
7 ask Paola who she'll invite to her party?
8 say that Marina will not come to the meeting?

REVISION

You can keep in touch with real Italian by using the Internet: *La Repubblica, La Stampa,* and other major Italian newspapers have web pages you can easily access. Also, if you have cable or satellite TV you will able to watch Italian television: **RAI 1** and **RAI 2** have a good range of programmes. News broadcasts will most certainly contain international news you will already have heard in English. Also try soap operas and gameshows – a simple narrative and familiar format will make it easier to follow what's going on.

Review 4

VOCABULARY

1 Complete the crossword.

Down

1 <u>TEETH</u>
2 <u>EYES</u>
3 <u>HAND</u>

Across

1 <u>LEGS</u>
2 <u>KNEE</u>
3 <u>ARM</u>

2 Match the questions 1–6 with the correct answer from a–f.

1 Quando vi sposerete?
2 Dottore, come posso perdere qualche chilo?
3 Corrado, tu cosa faresti al posto mio?
4 Dove abitavate prima?
5 Francesca, avete visto anche la Torre Pendente?
6 Quando si sposano Maria e Gino?

a Vada in palestra.
b Si sposeranno in primavera.
c No, perché avevamo troppa fretta.
d Ci sposeremo tra un anno.
e A Verona.
f Prenoterei 15 giorni al mare.

GRAMMAR AND USAGE

3 Complete the following dialogue using the verbs in the box, putting them into the appropriate imperative form.

> **chiedere dimenticare prenotare prenotare**
> **telefonare telefonare venire**

- Lucia, a Natale, _____ in vacanza con noi.
* Sì, perché no? Mi piacerebbe!
- _____ all'Alitalia e _____ se ci sono ancora posti sul volo del 23 dicembre per Parigi. _____ il volo serale. Per il ritorno _____ il volo delle 13.45 del 2

gennaio. Questo è il numero del nostro albergo,
_____ al più presto. Non _____ di portare la
macchina fotografica e regali per tutti!

4 Put the dialogue in order. Start with **c**.

   a In Toscana? Dove precisamente?
   b Per quante persone?
   c Cerco una villetta in Toscana, per il mese di settembre.
   d Cinque – quattro adulti e un bambino.
   e Vicino Siena, se è possibile.
   f Certo, quanto costa?
   g Abbiamo una villetta per cinque con piscina e campo
     da tennis, a circa 3 chilometri dal centro. Le interessa?

5 Match 1–5 with the appropriate ending from a–e.

   1 Ho telefonato all'aeroporto e mi hanno detto che
   2 L'anno scorso siamo andati in vacanza in Sardegna e
   3 Ho parlato con Nicoletta e mi ha detto che
   4 Abbiamo incontrato quel tuo collega e ci ha detto che
   5 Sono andata in quell'agenzia di viaggi e mi hanno
     detto che

   a al posto tuo lavorerebbe di meno.
   b se non prenotiamo subito potremmo non trovare posto.
   c l'aereo da Parigi dovrebbe arrivare in orario.
   d ci piacerebbe tornarci anche quest'anno.
   e lei e Carola potrebbero venire stasera.

6 Rewrite the sentences, replacing the underlined text
  with the correct direct object pronouns. Remember to
  make the past participle agree where necessary.

   1 Avete visto il nuovo centro commerciale?
   2 Hai preso le vitamine?
   3 Abbiamo cambiato i soldi in banca.
   4 Hanno preparato una cena deliziosa.
   5 Ha affittato la stanza di Giorgia?
   6 Hai ascoltato le nuove canzoni di Jovanotti?

7 Read the following magazine interview about Signor
  Fiumi's political career and answer the questions.

Interviewer	Signor Fiumi, lei da quanti anni si occupa di politica?
Signor Fiumi	Da quando ero giovane. Mi affascinavano i discorsi dei politici che venivano a parlare nella piazza del mio paese.
Interviewer	Suo padre si interessava di politica?

Signor Fiumi	Molto. All'inizio interessava solo a lui, poi anch'io ho cominciato a seguire le campagne politiche.
Interviewer	A quanti anni si è scritto al suo partito?
Signor Fiumi	Avevo 20 anni, frequentavo il secondo anno dell'università.
Interviewer	E poi?
Signor Fiumi	Poi mi sono laureato e ho cominciato a lavorare come giornalista. Ma presto ho capito che volevo fare solo politica.
Interviewer	Cosa ha intenzione di fare per migliorare la sua città?
Signor Fiumi	Ho intenzione di occuparmi soprattutto del traffico e dell'inquinamento. Poi delle scuole e dell'insegnamento dell'informatica nelle scuole.

1 Where did Signor Fiumi first hear politicians speaking?
2 How old was he when he enrolled in his party?
3 What job did he do after his degree?
4 What does he intend to do for his city? Which is his main concern?
5 Which other problems does he mention?

8 Michela's mother is sure she'll be famous. Complete her description using the verbs in the box, putting them into the future tense.

> **potere andare avere conoscere
> comprare diventare dovere fare
> guadagnare andare organizzare**

Tra qualche anno Michela _____ un'attrice famosa e _____ ad abitare a Hollywood. _____ film con attori importanti e _____ molti soldi. _____ comprare una enorme villa con piscina, sauna e campi da tennis, una casa a Parigi, e una a Roma. _____ anche una Ferrari. _____ molte feste e _____ persone importanti. _____ in vacanza nei posti più costosi, e _____ una guardia del corpo e un allenatore personale.
Prima però _____ cercare di diventare famosa in Italia e recitare in qualche grosso film.

9 Roberta and Stefano are talking about their Easter holidays. Listen to their conversation and answer these questions.

1 Why does Stefano not want to go to England?

2 What does he suggest instead?

3 Why is Roberta not very enthusiastic about Stefano's suggestion?

4 How many weeks can Roberta have off work before the summer?

5 What compromise does she suggest?

6 Which two things is Stefano going to do now?

 SPEAKING

10 You're looking for a flat in Venice where you're planning to spend a month. Look at the advert and ask the agency for further details.

AFFITTASI

Appartamento Venezia zona centrale
luminoso, tranquillo
3 camere, 2 bagni, cucina moderna,
giugno 2065 euro
luglio/agosto 2580 euro
Tel. 041-348106

Prepare the questions you'll need to ask to elicit the following replies, then join in the dialogue on the recording. Try to speak without using your notes.

1 È al secondo piano.

2 No, la fermata del vaporetto è a circa 3 minuti a piedi.

3 Sì, ci sono delle grandi finestre.

4 Una è matrimoniale, le altre due sono più piccole.

5 Venga domani alle 6.

11 You're going to be interviewed about your childhood. These are the topics the interviewer will ask about, but they are not in the right order. Prepare your answers and then join in the dialogue on the recording. Try to speak without using your notes.

– your friends   – your house
– your games   – your school
– your holidays

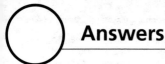

Answers

Unit 1

2 1, 2

3 1 d; 2 c; 3 b; 4 a

7 1 F: È inglese. 2 F: È di Pisa. 3 V; 4 V; 5 F: Abita a Firenze.

8 1 d; 2 c; 3 b; 4 e; 5 a

12 1; 3; 4

13 1 No, non è australiana, è americana. [Remember the ending changes to -a when it refers to a woman.] 2 No, non è francese, è tedesco. 3 No, non è americano, è greco. 4 No, non è canadese, è irlandese.

14 1 sei, sono; 2 è, è; 3 abita, abito; 4 abitate, abitiamo;

17 1 a Milano, in Lombardia; 2 a Roma, nel Lazio; 3 a Napoli, in Campania; 4 a Venezia, in Veneto; 5 a Torino, in Piemonte; 6 a Agrigento, in Sicilia; 7 a Pisa, in Toscana. Città: Parma

18 1 F; 2 F: È di Venezia. 3 V; 4 F: Stefania è misteriosa. 5 V

19 f, d, a, b, e, c

Test

1 1 a; 2 d; 3 b; 4 h; 5 c; 6 g; 7 e; 8 f

2 g, c, h, b, e, f, a, d.

3 Fritz – tedesco; Carlos – spagnolo; Spyros – greco; Céline – francese; Siobhan – irlandese; Sophie – inglese

4 1 abitiamo; 2 americana; 3 siete, abitiamo; 4 italiana

5 1 Dove abiti? 2 Come si chiama? 3 Abitano a Londra. 4 Dove lavorate?

6 1 stai; 2 sei; 3 siete; 4 è; 5 mi chiamo; 6 abitiamo

7 1 a; 2 in; 3 a, in; 4 in, a

Unit 2

2 *Patrizia* – medicina; *Luca* – economia; *Giovanna* – biologia; *Francesco* – architettura

3 1 d; 2 b; 3 e; 4 a; 5 c

7 1 F: Mr Burton is studying Italian. 2 V; 3 F: Signora Marchesi teaches French and Spanish. 4 F: He is on holiday. 5 V

8 1 la professione; 2 il telefono; 3 lo studente; 4 l'aereo; 5 l'acqua; 6 l'insegnante; 7 la stazione; 8 il lavoro; 9 la camera; 10 il latte

12 1 c; 2 d; 3 a; 4 b

13 abita; lavora; prende; c'è; prendono; fa; pranzano

16 1 c; 2 f; 3 e; 4 b; 5 d; 6 a

17 1 d; 2 c; 3 a; 4 b; 5 e

18 1 d; 2 e; 3 a; 4 c

19 1 V; 2 F: Massimo non studia. 3 V; 4 F: Stefania non ha tempo. 5 F: No, non è possibile.

20 1 No, he doesn't. 2 No, he is about to go to a psychology class. 3 Roberto does. 4 Massimo tells her that they are late.

Test

1 1 fai; 2 fa; 3 faccio; 4 fate; facciamo; 5 fanno

2 1 il; 2 il; 3 la; 4 la; 5 il; 6 la

3 1 ritorna; 2 leggono; 3 lavora; 4 prendiamo; 5 fate; 6 vedo; 7 guardano; 8 gioca

4 1 c; 2 e; 3 a; 4 b; 5 d

5 1 c; 2 f; 3 e; 4 b; 5 d; 6 a

6 *Masculine:* il commesso; il direttore; l'infermiere; l'autore; il cameriere
Feminine: la scrittrice; l'impiegata; la cuoca

Unit 3

2 *Signora Ferrari:* 3 children – 2 boys + 1 girl; *Signora Mariani:* 2 children – 2 girls; *Gino* – 2 children – 2 girls; *Federico* – 2 children – 2 boys

3 1 Le direttrici sono intelligenti. 2 Le ragioniere sono in vacanza. 3 Gli amici di Riccardo studiano informatica. 4 Le/Gli insegnanti di Nicola abitano a Gorizia.

7 1 No, she spent her holiday with her family, her friends, and her boyfriend. 2 Yes; 3 28; 4 Alberto is Angelica's boyfriend.

8 1 i miei; 2 il tuo; 3 sua; 4 il suo;

12 1 V; 2 V; 3 F: He spends his weekends in the countryside. 4 F: His neighbours have a tennis court.

13 ho; ha; abbiamo; hanno

14 la vostra; la nostra; i nostri; le nostre

17 1 V; 2 F: Federica is Irene's friend. 3 F: She is on holiday with her parents and grandparents. 4 F: They are staying for 3 days. 5 F: He has a girlfriend.

18 1 Caro; 2 sono; 3 la mia; 4 bella; 5 discoteche; 6 il mio; 7 giorni; 8 fai; 9 hai; 10 la tua; 11 a presto

19 1 V; 2 F: She lives with Roberto and his parents. 3 V; 4 F: He is divorced. 5 F: Her relatives live in Venice, her parents live here. 6 F: They will meet before lunch. **213**

20 1 Giulia; 2 Stefania; 3 Roberto;
4 Stefania; 5 Roberto e Giulia

Test

1 1 i miei; 2 mio; 3 nostro; 4 il suo; 5 mia;
6 i miei; 7 sua; 8 i suoi

2 Mio fratello è pigro / interessante/
noioso / divertente.
Mia suocera è pigra / interessante /
noiosa / divertente.
Le mie sorelle sono pigre / interessanti /
noiose / divertenti.
I miei cugini sono pigri / interessanti /
noiosi / divertenti.

3 1 I fratelli di Carla sono interessanti.
2 Marina e Teresa sono due ragazze
curiose. 3 Gli amici di Adriano sono
simpatici. 4 Brigitte Bardot e Catherine
Deneuve sono francesi. 5 Michelangelo e
Leonardo da Vinci sono italiani. 6 Il mio
lavoro? È molto interessante! 7 Marco è
pigro. 8 Questa lezione è davvero noiosa!
9 Il russo e il tedesco sono due lingue
difficili. 10 La tua bicicletta è nuova?

4 5 cinque; 11 undici; 54
cinquantaquattro; 16 sedici; 67
sessantasette; 76 settantasei;
15 quindici; 12 dodici

5 1 c; 2 d; 3 b; 4 e; 5 a

6 1 e; 2 d; 3 a; 4 c; 5 b

Review 1

1 1 c; 2 a; 3 b; 4 b

2 1 c; 2 d; 3 f; 4 e; 5 a; 6 b

3 1 l'; 2 la; 3 il; 4 lo; 5 l'

4 1 le; 2 gli; 3 i; 4 i; 5 gli

5 1 e; 2 c; 3 a; 4 b; 5 d

6 1 abbiamo; 2 ha; 3 hanno; 4 sono;
5 siamo; 6 è; 7 sono

7 1 abito; 2 ho; 3 faccio; 4 studio; 5 ho;
6 gioco; 7 leggo; 8 faccio; 9 vedo; 10
vive; 11 fa

8 1 Quanti; 2 Quanti; 3 Quante 4 Quante

9 1 V; 2 V; 3 V; 4 F: Fabio does the same
course as Teresa's sister.

10 1 Grazia is older. 2 He is a singer and an
actor. 3 She is a dentist. 4 Angela,
Grazia's sister

11 1 Quanti anni ha? 2 Cosa fa? 3 Di dov'è?
4 Quando tornate a casa? 5 Dove
abitano? 6 Ha figli?

Unit 4

2 Debora: toast, caffè; Franco: acqua
minerale, coca cola

3 uno; un; un; un'; una

7 1 Cosa fai stasera? 3 Ecco il listino prezzi.
4 Cosa prendiamo? 6 Tu dove vai?

8 1 b; 2 c; 3 d; 4 a; 5 f; 6 e

12 1 F: Eva's having a party. 2 V; 3 F: Giorgio
likes Patrizia. 4 V

13 1 piacciono; 2 piacciono; 3 piace; 4 piace;
5 piace

16 Cameriere, un bicchiere di vino bianco e
un panino con il prosciutto. Patatine
fritte, e una birra alla spina, e un
Martini. Quant'è? 13,33 euro

17 1 e; 2 c; 3 d; 4 b; 5 a

18 1 F: She has a croissant and a
cappuccino. 2 V; 3 F: Massimo works
with Stefania's father. 4 V; 5 F: His
lecture starts in 5 minutes. 6 F: Roberto
gives Stefania his telephone number.

19 Vanno in **un bar**. Roberto prende **una
cioccolata con panna**. Stefania prende
un cornetto e **un cappuccino**. Stefania
non ha molti amici qui. Roberto le
chiede di andare **al cinema**. La lezione di
Roberto comincia tra **5 minuti**.

Test

1 1 Vado in gelateria con i miei amici.
2 Andiamo in questo bar? 3 Chi viene da
Maria? 4 Con chi vai in vacanza? 5 Non
ci piacciono gli spaghetti.

2 d; b; c; a; f; e

3 1 preferiscono; 2 finisce; 3 preferisci;
4 preferiamo; 5 capiscono; 6 capite

4 1 Ti piace; 2 Gli piace; 3 Ci piace; 4 vi
piacciono; 5 Mi piace; 6 le piace

5 1 sete; 2 fame; 3 sonno; 4 paura; 5 fretta

6 1 vengo; 2 venite; 3 vieni; 4 veniamo;
5 viene; 6 vengono

7 1 andiamo; 2 vieni; 3 rimanete; 4 resta;
5 va; 6 fai; 7 conosco; 8 preferisco; 9
parte; 10 andiamo; 11 preferisci

Unit 5

2 1 V; 2 F: La fermata è di fronte all'ufficio
postale. 3 L'autobus 227 arriva in Via
Libertà. 4 V; 5 V

3 1 Scusi, è lontano il centro della città?
2 La banca è all'angolo di Via Garibaldi.
3 Che cosa c'è accanto all'ufficio
postale? 4 C'è un ristorante qui vicino?
5 Non ci sono fermate davanti al duomo.

7 1 Via Quattro Fontane; 2 Viale Italia;
3 Viale Europa

8 1 giro; 2 va; 3 esci; 4 attraversiamo;
5 prendete

12 1 V; 2 F: Savona è a 120 km circa. 3 F: Il
cartello è al secondo semaforo. 4 V; 5 F:
No, ci vogliono solo cinque minuti a
piedi.

13 1 Quanto ci vuole in metropolitana?
2 Scusi, dov'è la stazione *or* Scusi, per
andare alla stazione? 3 È lontano?
4 Come andate in città? 5 È lontano da
qui il teatro? 6 Il bar è dietro alla
farmacia?

16 1 They're quite cheap. 2 They're not very
reliable. 3 Public car parks; 4 They're
closed to traffic. 5 zona pedonale

17 1 Lei va/continua sempre dritto. 2 Gira a
destra. 3 Gira a sinistra. 4 C'è un
parcheggio in Piazza Vittorio Emanuele.

18 1 b; 2 c; 3 e; 4 a; 5 d

19 A: palazzo, teatro, chiese, parco, duomo
B: 1 duomo; 2 chiese; 3 parco; 4 palazzo;
5 teatro

20 1 V; 2 P; 3 V; 4 V; 5 F: Roberto pensa di
uscire solo con Stefania. 6 V; 7 P; 8 F:
Caterina abita a 100m dall'università.
6 F: Il tabaccaio è accanto al bar.

Test

1 1 la seconda a sinistra; 2 dritto; 3 la
prima a destra
Ponte dei Sospiri

2 1 d; 2 g; 3 b; 4 f; 5 a; 6 c; 7 e

3 1 ci vogliono (10 minutes is plural); 2 c'è;
3 ci sono; 4 ci vogliono; 5 ci vuole (the
subject isn't plural)

4 1V nave; 3V macchina; 4V barca;
(5V treno); 6V aereo
2O pullman; 4O bicicletta

5 1 esci; 2 escono; 3 esce; 4 usciamo

6 1 dal; 2 della; 3 sugli; 4 ai; 5 dell'

Unit 6

2 1 F: Sono le due e un quarto. 2 F:
Giorgio va in palestra alle due e mezza.
3 V; 4 F: Carla va a Cortina a febbraio.
5 V

3 1 A che ora finisce il film? 2 Giocate a
tennis il giovedì? 3 Che ore sono? / Che
ora è? 4 Dove vai in vacanza? 5 Che cosa
fanno Marco e Antonia il venerdì sera?

7 1 a; 2 b; 3 b; 4 a

8 1 si alza; 2 ci riposiamo; 3 si sente male;
4 vi divertite; 5 si svegliano; 6 ti riposi;
7 mi addormento

12 1 *La Gazzetta dello Sport*; 2 calcio,
pallacanestro, tennis; 3 nuoto; 4 dal 1 al
7 Febbraio

13 1 In America si gioca molto a baseball.
2 Di solito in Italia si spende molto per
vestire. 3 Per le vacanze in Inghilterra si
va spesso all'estero. 4 D'estate in Italia si
passa molto tempo al mare. 5 In Italia si
mangiano molti tipi di pasta.

16 1 V; 2 F: Si va a mangiare una pizza o a
vedere un film, o in un piano bar. 3 F:
Incontrano la famiglia ogni domenica.
4 V; 5 V

17 1 dalle otto e mezzo alle sette e mezzo
di sera; 2 *Rigoletto* e *Turandot*; 3 il
martedì e il venerdì; 4 perché è chiusa;
5 il primo settembre; 6 il ventiquattro
aprile

18 1 psicologia; 2 quando si sveglia;
3 mangiano, guardano la TV, escono;
4 perché il suo aereo parte alle cinque e
mezzo; 5 perché Massimo ha una cena
importante

19 6, 2, 7, 3, 5, 4, 1

Test

1 1 c; 2 g; 3 b; 4 f; 5 d; 6 a; 7 e

2 1 di solito; 2 dalle – alle; 3 non mai; 4 e;
5 in; 6 il

3 1 si fa; 2 si beve; 3 si va; 4 si prende;
5 si ritorna; 6 si finisce; 7 si comincia;
8 si cena

4 1 il venticinque dicembre; 2 martedì
primo luglio; 3 il primo gennaio; 4 il
quattordici febbraio; 5 il trentun(o)
ottobre

5 1 b; 2 a; 3 c; 4 e; 5 d

6 h-d-a-f-b-c-j-e-g-i

Unit 7

2 1 V; 2 F: due settimane; 3 F: tre anni fa;
4 V

3 1 detto; 2 avuto; 3 creduto; 4 letto;
5 telefonato; 6 fatto

7 1 V; 2 F: Hanno passato una fine
settimana in Scozia. 3 F: È piaciuta di
meno Londra.

8 1 A che ora siete usciti? 2 Le è piaciuta
di più Aosta o Torino? 3 Vi siete fermati
anche a Los Angeles? 4 Ti sei divertita?
5 Quando sono venuti i nuovi vicini?

12 1 Aldo; 2 ai laghi; 3 la settimana scorsa;
4 il Lago Maggiore; 5 la festa del primo
maggio

13 1 non … ancora; 2 già; 3 appena; 4 per;
5 di più; 6 ci; 7 già; 8 fa

16 1 d; 2 e; 3 g; 4 a; 5 b; 6 c; 7 f

17 A: deciso, visto, detto, stato, piaciuto,
venuto
B: deciso decidere; visto vedere; detto
dire; stato essere; piaciuto piacere;
venuto venire

18 1 Stefania è tornata tre giorni fa.
2 Roberto è triste, non arrabbiato.
3 Caterina non telefona a Roberto.

Test

1 1 l'altro ieri; 2 stamattina; 3 giorni fa;
4 ieri sera; 5 l'estate scorsa; 6 ieri

2 1 sono usciti 2 non siamo andati; 3 si è
svegliata; 4 ho avuto; 5 ha passato

3 1 chiuso; 2 vinto; 3 bevuto; 4 letto;
5 nato; 6 scritto

4 1 d; 2 f; 3 e; 4 a; 5 b; 6 c

5 1 d; 2 f; 3 a; 4 e; 5 c; 6 b; 7 h; 8 g

6 1 Ci siamo alzati alle dieci e mezzo. 2 Mi
sono divertita tantissimo. 3 No, non mi
sono riposata per niente. 4 Si sono
addormentati un'ora fa. 5 Non mi sono
mai arrabbiato con la mia ragazza. 6 Elio
si è sentito male dopo pranzo.

Review 2

1 1 gennaio; 2 sabato; 3 primavera;
4 martedì; 5 domenica; 6 giugno;
7 dicembre; 8 inverno; 9 venerdì

2 1 carte; 2 giocattoli; 3 Pasqua; 4 veglione

3 1 quarantasei; 2 settantasette;
3 centouno; 4 trecentosessantasette;
5 millecinquecentocinquantadue;
6 duemilaquattrocentocinque

4 1 duomo; 2 museo; 3 Albergo Rustico

5 7.30, 11.30, 12.00, 17.30, 18.30, 21.00,
22.30, 24.00

6 1 Alle dieci ho fatto ginnastica aerobica.
2 Alle undici e trenta abbiamo fatto il
gioco dell'aperitivo musicale. 3 Ho
pranzato all'una meno un quarto. 4 Alle
due tutti hanno fatto il gioco del caffè,
io no. 5 Alle tre ho visto un film. *or* Alle
tre sono andato/a al cinema. 6 Alle
cinque e mezzo ci sono state le lezioni di
ballo. 7 Alle sei e mezzo ho preso un
aperitivo. 8 Ho cenato alle otto. 9 Non
sono andata al cinema. 10 Alle undici ho
ballato (in discoteca) per un'ora. 11 Poi a
mezzanotte c'è stato un buffet.

7 1 nelle; 2 dei; 3 all'; 4 dal; 5 dell'

8 1 c; 2 d; 3 f; 4 e; 5 a; 6 b

9 1 quando; 2 quanto; 3 che cosa;
4 perché; 5 dove; 6 quale; 7 chi; 8 come

10 1 Andiamo in questo bar? 2 Ti piace la
birra? 3 Prendi un bicchiere di vino?
4 Un gelato al cioccolato e un'acqua
minerale; 5 No, grazie quant'è

Unit 8

2 1 F: Francesca vive a Roma. 2 V; 3 V; 4 F:
Qualche volta ritorna tardi. 5 V

3 1 posso; 2 volete; 3 dobbiamo; 4 può;
5 vogliono; 6 devi

7 1 V; 2 F: sono rimasti tutto il giorno a
casa; 3 V; 4 F: Lorenza vuole fare la
festa; 5 F: non possono se piove

8 1 Ieri mattina io e Marcello abbiamo
dovuto uscire molto presto. 2 Angela
non ha potuto andare in piscina la
settimana scorsa. 3 I bambini non hanno
voluto prendere il gelato. 4 Sabato ho
dovuto rimanere in casa. 5 Lisa ha voluto
partire in macchina. 6 Perché hai dovuto
prendere l'autobus martedì sera?

12 1 Vogliono ritornare a Ovindoli. 2 3
giorni; 3 verso le 18.50; 4 l'intercity,
perché arriva alle 17.45 e non si deve
cambiare

13 1 da; 2 vorrei; 3 cambiare; 4 prossima;
5 quanto costa; 6 andata

16 1 i pendolari; 2 perché sono più
economici; 3 in biglietteria, ai
distributori automatici, in tabaccheria

17 1 supplemento; 2 prenotazione;
3 giugno; 4 prima classe

18 1 He has to revise for his exams. 2 for
their grandmother's birthday; 3 at her
office at about 1; 4 She has to go to
Rome for a trial. 5 no; 6 He might be
late or the traffic may hold them up.

19 1 festa; 2 compleanno; 3 studio; 4 deve;
5 fa; 6 andare; 7 la

Test

1 1 devo; 2 può; 3 facciamo; 4 dobbiamo;
5 possiamo; 6 volete

2 1 ho dovuto; 2 Ha voluto; 3 abbiamo
potuto; 4 avete dovuto; 5 Hanno voluto

3 1 ti; 2 mi; 3 la; 4 la; 5 lo; 6 vi

4 1 a; 2 b; 3 d; 4 c; 5 e

5 1 c; 2 d; 3 a; 4 e; 5 b

6 1 e; 2 c; 3 h; 4 f; 5 d; 6 a; 7 g; 8 b

Unit 9

2 1 V; 2 V; 3 F: un chilo di pesche.

3 1 ne; 2 un po' di; 3 qualche; 4 dello;
5 etti

7 1 b; 2 b; 3 a

8 1 d; 2 b; 3 c; 4 f; 5 e; 6 a

12 1 V; 2 F: sono più economiche dei libri;
3 V; 4 V

13 1 La musica pop è meno tradizionale
della musica classica. 2 I treni espressi
sono più veloci dei regionali. 3 Il Martini
è meno forte del brandy. 4 New York ha
più abitanti di Pisa. 5 La primavera è
meno calda dell'estate.

16 1 dressing fashionably and furnishing
their homes; 2 clean, tidy, beautiful,
harmonious, full of tasteful objects;
3 they like to be accepted, to please
others; to show their good taste and
attention to detail

17 1 V; 2 V; 3 F

18 1 marche; 2 abbigliamento; 3 alimentari;
4 negozi; 5 articoli da regalo

19 1 mercato; 2 panini; 3 lino; 4 questa
ragazza

20 1 negozi; 2 torta; 3 guanti; 4 Stefania;
5 ragazza; 6 consiglio

Test

1 nero; rosso; crema; bianco; arancione
(arcobaleno)

2 1 quella; 2 quel; 3 quei; 4 quelli; 5 quelle

3 li; 2 gli; 3 mi; 4 ne; 5 l'; 6 le

4 1 Il lambrusco è più/meno dolce del
Chianti. 2 I dolci sono più/meno buoni
dei gelati. 3 L'olio d'oliva è più sano del
burro. 4 Il cappuccino è meno forte
dell'espresso. 5 La cucina bolognese è
più/meno buona della cucina siciliana.

5 A: neri, camicia, cintura, pelle, giacca
B: maglietta, pantaloni, sciarpa, scarpe,
vero

6 1 c; 2 e; 3 a; 4 f; 5 b; 6 d

Unit 10

2 1 c; 2 d; 3 a; 4 b

3 1 buoni; 2 buon; 3 buone; 4 buon; 5 buono

7 1 b; 2 b; 3 b; 4 b

8 1 dell'altro; 2 un po'; 3 mi; 4 gliene

12 1 V; 2 V; 3 F: No, it's better. 4 F: He gives her the number of the restaurant.

13 1 ve lo; 2 gliele; 3 gliene; 4 ce ne; 5 ce lo

16 1 4: cibo, salute, politica, calcio; 2 perché tutta la famiglia si riunisce; 3 discutono e scherzano; 4 trascorrono l'intera serata in pizzeria

17 1 Caffè del Viale, Pizzeria Esotiqué, Ristorante Il Mandarino; 2 Trattoria Verde, Casa del Pesce; 3 Caffè del Viale, 4 Casa del Pesce; 5 Ristorante Poppea

18 1 cliente (paziente); 2 formaggio (pomodoro) fresco; 3 normale (senza funghi) ma con spinaci; 4 scura (bionda); 5 che cosa fa Stefania (chi è); 6 la quattro gusti (l'antipasto)

19 1 A patient of his recommended it. 2 because they have talked for for a while; 3 a bruschetta and a pizza campagnola; 4 an antipasto misto and a pizza quattro stagioni; 5 who she is and what he knows about her; 5 He suggests his father ask Stefania himself at the party.

Test

1 *Primi (piatti)*: risotto ai funghi, penne all'arrabbiata, tortellini
Secondi (piatti): cotoletta, agnello, fritto misto di pesce
Contorni: insalata mista, spinaci, patatine fritte
Dolci: torta di mele, profiterole, macedonia

2 1 utilmente; 2 fermamente; 3 cortesemente; 4 particolarmente; 5 seriamente; 6 efficientemente

3 1 Chi *ve la* raccomanda? 2 Chi *glielo* porta? 3 Chi *ce la* dà? 4 Chi *glieli* dà? 5 Chi *te li* manda?

4 1 famosissima; 2 fortissimo; 3 buonissima; 4 gustosissimi; 5 ricchissima

5 1 c; 2 d; 3 b; 4 e; 5 a

6 1 c; 2 e; 3 a; 4 d; 5 f; 6 b

Review 3

1 1 c/f; 2 e; 3 d; 4 f/c; 5 h; 6 a; 7 b; 8 g – and, of course, you could find everything at the supermarket

2 1 glasses; 2 bag; 3 credit card; 4 plates; 5 umbrella

3 1 dolcissimo; 2 gustosissimo; 3 durissima; 4 carissimo; 5 buonissimi; 6 salatissimo [Remember: the endings need to agree in number and gender with the noun]

4 1 ci; 2 ti; 3 la; 4 vi; 5 mi; 6 li

5 1 e; 2 b; 3 a; 4 d; 5 f; 6 c

6 1 mi *or* a me; 2 ti; 3 le; 4 gli; 5 le; 6 li

7 1 d; 2 a; 3 b; 4 e; 5 c

8 1 Mi/Ci porta il conto, per favore? 2 Vuole vedere questo? 3 Mi dà due etti di prosciutto. 4 Come mi sta? 5 Per te qual è migliore, il profiterole o il tiramisù? 6 Prego? / Cosa prendete?

9 *febbraio:* 15–18 conferenza; *aprile:* 11 partita tennis; *luglio:* 10 ferie; *ottobre:* 1 anniversario; *dicembre:* 16 compleanno

10 1 A che ora parte il prossimo treno per Ravenna? 2 Devo cambiare? 3 Mi dà tre biglietti per Ravenna, per favore? Solo andata. 4 Da quale binario parte? 5 È in orario il treno?

Unit 11

2 1 V; 2 F: She started playing football when she was 12. 3 F: Marisa used to play with her. 4 V

3 1 La mattina mi alzavo alle 8.30. 2 Facevo colazione al bar alle 9.00. 3 Le lezioni cominciavano alle 10.00. 4 Andavo a mangiare alle 13.00. 5 Poi facevo una passeggiata per Venezia. 6 Tornavo a lezione alle 15.00. 7 Dopo cena uscivo.

7 1 Pierluigi ha passato le vacanze in montagna. 2 Si alzavano alle 8. 3 Andavano a sciare verso mezzogiorno. 4 Sì, e non volevano più tornare in città

8 1 avevo, avevo; 2 erano; 3 aveva; 4 era; 5 aveva

12 1 due; 2 dei jeans e una camicia a quadri; 3 un paio di pantaloni blu e un maglione bianco; 4 una pistola

13 1 andavano, sono andati; 2 uscivo, sono uscita; 3 andavamo, abbiamo cenato; 4 andavate, avete preso

16 1 V; 2 F: He preferred Rome. 3 F: They were a couple in many films, but not in real life. 4 V

17 *Perfect*: ha lavorato; hanno girato; ha sposato; si è separato; ha cominciato; ha definito
Imperfetto: affermava; era; detestava; preferiva; si trovava; apprezzava

19 1 She feels nostalgic about food, empty roads, and no pollution. 2 because her husband worked there; 3 because she had a lot of friends; 4 She asks Roberto to ask Stefania to invite him to Venice. 5 No, he hasn't.

20 1 Non c'era inquinamento. 2 Quando ero giovane, molti anni fa, la vita era diversa. 3 Le piaceva abitare a Venezia? 4 Per fortuna i bambini erano ancora piccoli. 5 Ricordavo i tempi in cui io e tuo nonno abitavamo a Venezia.

Test

1 1 ero; 2 passavo; 3 ci divertivamo;
4 giocavamo; 5 facevamo; 6 facevamo;
7 compravano; 8 tornavamo;
9 andavamo; 10 ero; 11 andavo; 12 mi
addormentavo

2 e; d; c; f; a; b; g; h

3 1 b; 2 d; 3 a; 4 c

4 1 c'era; 2 erano, 3 c'erano, 4 è; 5 ci sono;
6 c'era; 7 c'è; 8 c'era; 9 c'è

5 1 abitavamo, andavamo; 2 indossava,
era; 3 siamo andati; faceva; 4 Ho chiuso;
avevo; 5 vi siete alzati; eravamo

6 1 da; 2 per; 3 da; 4 per

Unit 12

2 matrimoniale; bagno; notti; doppia;
doccia; 85 euro; pensione;
051-2422567

3 albergo; prenotazione; singola; doccia;
pensione; al

7 1 He is staying in Room 313. 2 It doesn't
work; 3 the hairdryer is broken; 4 He
orders a cappuccino, two cream
croissants, and a fruit juice.

8 Sì, le abbiamo fatte. Sì, l'abbiamo
chiamato. Sì, l'abbiamo confermata. Sì, li
abbiamo presi. No, non li abbiamo
ancora cercati!

9 1 sono; 2 avete; 3 siamo; 4 ho; 5 sei

13 1 F: She is looking for a 3 bedroom flat.
2 V; 3 F: It has 2 terrraces. 4 F: There is a
garage.

14 1 bei; 2 bel; 3 bello; 4 begli; 5 bell'

17 1 e; 2 d; 3 a; 4 c; 5 b

18 1 albergo a 3 stelle con piscina,
ascensore e parcheggio, stanze
disponibili in agosto; 2 appartamento
per 4 persone a Venezia centro
disponibile nei mesi estivi; 3 stanze
doppie in pensione a conduzione
familiare, vista sul mare e terrazzo –
sconto nel mese di giugno

19 1 V; 2 F: she asks who was at the party;
3 F: Roberto lives on the top floor; 4 V;
5 F: she is going to tell him that evening.

20 5; 3; 1; 2; 4.

21 1 Chi c'era? 2 Com'è la casa di Roberto?
3 Non stava bene quando la festa è
finita. 4 Sei stata molto crudele.

Test

1 1 camera; 2 doppia; escluse; 3 cerca;
periferia

2 g; f; d; b; c; e; a; h

3 1 appartamento; 2 periferia;
3 ammobiliato; 4 mobili; 5 garage;
6 spazioso; 7 piano; 8 ascensore; 9 bagni

4 1 Sì, le ho lavate. 2 Sì, l'ho pulita. 3 Sì, li
abbiamo comprati. 4 Sì, l'hanno
ristrutturato. 5 Sì, l'ho chiesto. 6 Sì,

l'abbiamo affittata. 7 Sì, glieli ho
prestati io. 8. Sì, l'hanno venduta.

5 1 Che belle stanze! 2 Che bei bagni!
3 Che begli alberghi! 4 Che begli studi!
5 Che belle piscine! 6 Che belle case!

6 1 b; 2 f; 3 e; 4 a; 5 c; 6 d

Unit 13

2 1 F: not yet; 2 V; 3 V; 4 F: She can eat 50
grams of brown bread.

3 fa', va', (non) prendere, usa, (non)
mangiare, mangia, (non) bere, dormi,
(non) guardare, (non) esagerare

7 1 She does not feel very well – she has a
headache, sore throat and is always
tired. 2 Yes, she has. 3 No, she hasn't.
4 She will have to stay in bed for a
couple of days.

8 1 fumi; 2 beva; 3 faccia; 4 venga;
5 prenda

12 1 caduto; 2 braccio; 3 ospedale;
4 settimana; 5 mese; 6 Pasqua; 7 tornare

13 1 Alzati. 2 Lavati. 3 Fatti. 4 Asciugati.
5 Vestiti.

16 1 The age group between 15 and 24
years old. 2 33.1% of men and 17.3% of
women smokes. 3 about 90 thousand
people die every year; 4 The price of a
packet of cigarettes could be increased
by 50%. 5 the age group between 18
and 24; 6 The ethnic and social
minorities would also suffer.

17 aumentati, per cento, uomini, fumo,
morte, aiutare, sigarette

18 a 1 Fa' più sport! 2 Mangia più frutta!
3 Fa' una dieta! 4 Fuma meno sigarette!
5 Va' in palestra!
b 1 Faccia più sport! 2 Mangi più frutta!
3 Faccia una dieta! 4 Fumi meno
sigarette! 5 Vada in palestra!

19 1 c; 2 b; 3 a; 4 d

20 1 Non attraversi i binari! 2 Non fumi!
3 Lasci fuori il cane! 4 Non giri a destra!

21 1 a; 2 a; 3 c; 4 b

22 1 guardia; 2 mal; 3 vederti; 4 tra; 5 tratta
di

23 2, 4, 3, 1, 5

Test

1 1 d; 2 e; 3 f; 4 c; 5 b; 6 a

2 1 mangia; 2 gioca; 3 va'; fa'; 4 bere;
5 tornare

3 1 Prenda; 2 Scenda; 3 vada; 4 giri;
5 continui; 6 attraversi

4 1 sai; 2 sapete; 3 conosciamo; 4 conosco;
5 sa; 6 conoscono; 7 sapete

5 d, e, a, g, b, c, f, h

6 1 si riposi; 2 pettinati; 3 guardati;
4 accomodati; 5 si accomodi; 6 non
guardarti

Unit 14

2 1 She will probably stay at home. 2 They are going to the countryside. 3 They will eat in. 4 Mario is going to the travel agency.

3 1 d; 2 c; 3 a; 4 e; 5 b

7 1 He wants to be a footballer. 2 He would like to play for Fiorentina and for the Italian national team. 3 He tells him that he is good and that he will become famous. 4 He is planning to go to America, Australia, and Brazil; 5 Paolo is in his class at school.

8 1 vorrà; 2 potrò; 3 saranno; 4 andrete, andremo, rimarremo, prenderemo; 5 vedrà; 6 saprà

9 1 Lunedì andrò dal dentista. 2 Martedì andrò a fare spesa. 3 Mercoledì comprerò i biglietti per l'opera. 4 Giovedì comincerò una nuova dieta. 5 Venerdì andrò a trovare Teresa. 6 Sabato telefonerò a Carlotta.

13 1 perché tutti sono in vacanza; 2 Piera non prenderebbe mai le ferie ad agosto. 3 perché ci sono chilometri di coda; 4 forse farà un giro in bicicletta

14 1 Mi piacerebbe; 2 Mangerei; 3 Dovreste; 4 verreste; 5 vorrebbero

17 1 July and August; 2 because of its history and its geographical position; 3 agriturismo – where tourists can stay on a farm or in other rural homes; 4 simple houses in the country; rural life; authentic cooking

18 1 tipi di soggiorno; 2 servizi; 3 attività; 4 posti; 5 vacanze

19 1 A; 2 D; 3 A, B; E; 4 B 5 C

20 1 Vuole andare in Germania. 2 Perché è una grossa opportunità per la sua carriera. 3 Per un anno. 4 Tra due anni. 5 Gli propone di andare a Monaco insieme e di diventare la sua ragazza. 6 Stefania potrebbe incontrare un altro ragazzo.

21 1 esami; 2 incontrare; 3 opportunità; 4 esperienza; 5 posto

Test

1 1 telefonerò; 2 risponderemo; 3 farà; 4 mi sposerò; 5 vedrò; 6 Arriverò; 7 pagherò

2 1 Verremo appena possibile. 2 Debora dovrà mettersi a dieta. 3 Cadrà se non farà attenzione. 4 Oggi rimarrò a letto tutto il giorno. 5 Verrete alla festa di laurea? 6 Se non potranno prendere la macchina verranno in taxi.

3 c, e, d, f, b, g, a

4 1 dormirei; 2 uscirei; 3 vorrebbero; 4 rimarrebbe; 5 avresti; 6 Dovresti; 7 piacerebbe

5 1 Quando partirete? 2 Come ti manterrai in forma? 3 Chi verrà? 4 Dove passerete il fine settimana? 5 Quando comincerà il nuovo lavoro? 6 Cosa metterai? 7 Come viaggeranno?

6 1 Dovresti andare dal dottore. 2 Potresti prendere una birra. 3 Mi piacerebbe cambiare lavoro. 4 Io e Renata vorremmo invitarti da noi. 5 I tuoi amici dovrebbero essere meno rumorosi.

Review 4

1 *Down* 1 denti; 2 occhi; 3 mano
Across 1 gambe 2 ginocchio; 2 braccio

2 1 d; 2 a; 3 f; 4 e; 5 c; 6 b

3 vieni; telefona; chiedi; prendi/prenota; prendi/prenota; telefona; dimenticare

4 c; a; e; b; d; g; f

5 1 c; 2 d; 3 e; 4 a; 5 b

6 1 L'avete visto? 2 Le hai prese? 3 Li abbiamo cambiati. 4 L'hanno preparata. 5 L'ha affittata? 6 Le hai ascoltate?

7 1 In his village square. 2 He was 20. 3 He was a journalist. 4 He wants to solve the problem of traffic and pollution. 5 He wants to deal with the schools and the teaching of computing studies in schools.

8 1 diventerà; 2 andrà; 3 farà; 4 guadagnerà; 5 potrà; 6 comprerà; 7 organizzerà; 8 conoscerà; 9 andrà; 10 avrà; 11 dovrà

9 1 He says that the weather is always bad. 2 He wants to go skiing. 3 She gets bored in the mountains. 4 a couple; 5 She suggest they go to London for Easter and to the mountains in March. 6 He is going to ring his cousin and go to the travel agency.

10 1 A che piano è? 2 La fermata del vaporetto è lontana? 3 L'appartamento è luminoso? 4 Le camere sono grandi? 5 Quando posso venire a vedere l'appartamento?

Grammar summary

Nouns

Gender

All Italian nouns are either masculine or feminine. As a general rule, nouns ending in **-o** are usually masculine.

il ragazzo boy	**l'amico** friend	**lo sbaglio** mistake
un albero tree	**un treno** train	**uno specchio** mirror

Nouns ending in **-a** are usually feminine.

la ragazza girl	**la scuola** school	**l'arancia** orange
un'amica friend	**una sorella** sister	**una zia** aunt

Nouns ending in **-e** can be either masculine or feminine.

un giornale newspaper	**il nome** name
la stazione station	**una ragione** reason

Plural forms

Masculine nouns ending in **-o** change to **-i** in the plural:

i ragazzi boys	**gli amici** friends	**gli sbagli** mistakes

Feminine nouns ending in **-a** change to **-e**:

le ragazze girls	**le scuole** schools	**le amiche** friends

All nouns ending in **-e** change to **-i**:

i genitori parents	**le stazioni** stations

Nouns ending in accented vowels do not change in the plural.

il caffè coffee	**i caffè** coffees
la città city	**le città** cities
la virtù virtue	**le virtù** virtues

Nouns ending in a consonant (imported from other languages) do not change in the plural.

il computer	**i computer**
lo sport	**gli sport**
l'autobus	**gli autobus**

The definite article

Masculine forms before:	*singular*	*plural*	
most consonants	**il**	**i**	il treno, i treni
a, e, i, o, u	**l'**	**gli**	l'albero, gli alberi
gn, ps, z, s+consonant	**lo**	**gli**	lo studente, gli studenti

Feminine forms before:

any consonant	**la**	**le**	la camera, le camere
a, e, i, o, u	**l'**	**le**	l'arancia, le arance

The indefinite article

Masculine forms before:

vowel or most consonants	**un**	un ombrello, un caffè
gn, ps, z, s+consonant	**uno**	uno zoo

Feminine forms before:

any consonant	**una**	una stanza
a, e, i, o, u	**un'**	un'aspirina

Adjectives

Adjectives agree in number and gender with the noun to which they refer.

Italian adjective end in either **-o** or **-e**.

	singular	*plural*	
masculine	**pigro**	**pigri**	lazy
	felice	**felici**	happy
	singular	*plural*	
feminine	**pigra**	**pigre**	lazy
	felice	**felici**	happy

When you have a mixture of masculine and feminine nouns, the adjective ending is masculine.

> Max e Anna sono **pigri/gentili**. Max and Anna are lazy/kind.

Position

Adjectives are usually placed after the noun they describe.

> Ho letto **un libro interessante**. I've read an interesting book.

There are, however, a few common adjectives, such as **bello, brutto, buono, cattivo, piccolo, grande, giovane, vecchio, nuovo**, which can be placed before the noun.

> Ho visto **un bel film**. Ho visto **un film bello**. I have seen a lovely film.

Possessive adjectives

In Italian, the possessive adjective agrees in gender and number with what is possessed and not with the possessor. The possessive adjective is generally preceded by the definite article: **il mio ufficio**.

	masculine	*feminine*
	singular	
my	**il mio**	**la mia**
your [*informal*]	**il tuo**	**la tua**

his/her; your [*formal*]	il suo	la sua
our	il nostro	la nostra
your [*plural*]	il vostro	la vostra
their	il loro	la loro

plural

my	i miei	le mie
your [*informal*]	i tuoi	le tue
his; her; your [*formal*]	i suoi	le sue
our	i nostri	le nostre
your [*plural*]	i vostri	le vostre
their	i loro	le loro

Except with **loro**, the definite article is dropped when the noun refers to single family members – **mia sorella, tuo fratello**, but **le mie sorelle, i tuoi fratelli; la loro sorella, i loro nonni**.

questo ('this (one)') and *quello* ('that (one)')
questo and **quello** can be used both as adjectives ('this'/'that') and pronouns ('this one'/'that one'). **questo** takes the usual adjective endings (**-o/-a/-i/-e**) whether it is used as an adjective or a pronoun. **quello** also takes these endings when used as a pronoun; however, when it comes before a noun, it takes the same endings as the definite article.

| *singular* | **quel, quello, quell', quella** |
| *plural* | **quei, quegli, quelle** |

| **quell'amico** | **quegli amici** |
| **quella casa** | **quelle case** |

Subject pronouns

In Italian, subject pronouns are generally omitted (unless you want to place emphasis on them): the subject is shown in the verb ending.

io	I	**noi**	we
tu	you [*informal*]	**voi**	you [*plural*]
lui	he	**loro**	they
lei	she		
lei	you [*formal*]		

The **tu** form is used when speaking to a child or someone you know well;
the **lei** form when speaking to an adult you don't know well.

Object pronouns

Direct object pronouns

mi	me	**ci**	us
ti	you	**vi**	you
lo	him/it [*m*]	**li**	them [*m*]
la	her/it [*f*]	**le**	them [*f*]
la	you [*formal*]		

Indirect object pronouns

mi	to (etc.) me	**ci**	to us
ti	to you	**vi**	to you
gli	to him/to it [*m*]	**gli**	to them [*m/f*]
le	to her/to it [*f*]		
le	to you [*formal*]		

Indirect object pronouns are used with verbs which are normally followed by a preposition, such as **telefonare a** ('to telephone') and **dare a** ('to give to').

> Anna telefona a Maria. Anna **le** telefona.
> Anna telefona a Mario. Anna **gli** telefona.

The position of direct and indirect object pronouns

Both direct and indirect object pronouns come before the verb (or before **avere/ essere** in the perfect tense). When both appear in a sentence, the indirect comes before the direct pronoun: the indirect pronoun may also change form (see below).

> **Ti** offro un caffè. I'll buy you a coffee.
> **Le** scrivo domani. I'll write to her tomorrow.
> Mi piacciono quegli stivali. **Li** compro! I like those boots. I'll buy them!
> **Me lo** avete comprato. You bought it for me.

When there are two verbs, and the second is an infinitive, the pronoun comes either before the first verb or combines with the infinitive.

> **Ti** vorrei incontrare. I'd like to meet you.
> Vorrei incontrar**ti**. I'd like to meet you.

Before a direct object pronoun, the indirect object pronouns **mi, ti, ci,** and **vi** change respectively to **me, te, ce,** and **ve**.

> **Ti** abbiamo già dato il libro. We have already given the book to you.
> **Te lo** abbiamo già dato. We have already given it to you.
> **Vi** mando la lettera domani. I'll send the letter to you tomorrow.
> **Ve la** mando domani. I'll send it to you tomorrow.

The third person indirect pronouns – **le** and **gli** – change to **glie-** and combine with **lo, la, li,** and **le** to form one word.

> Mando un biglietto d'auguri ai nonni. **Glielo** mando. I'll send a card to our grandparents. I'll send them a card.

These forms come before the verb or can be joined to an infinitive.

> **Glielo** dovrei dare. I should give it to him/her/them.
> Dovrei dar**glielo**. I should give it to him/her/them.

Disjunctive pronouns

me	me	noi	us
te	you [*informal*]	**voi**	you [*plural*]
lui	him	**loro**	them
lei	her		
lei	you [*formal*]		

Disjunctive pronouns are used for emphasis and after prepositions, such as **di, a, da, con,** etc.:

> Conosco **lui**. I know him.
> Mario gioca con **noi**. Mario plays with us.
> Lo fa per **me**. He does it for me.
> Viene con **te**? Is he coming with you?

Possessive pronouns

These have the same form as the possessive adjectives.

> Questa è la mia bicicletta. That's my bike.
> E quella è **la mia**. And that's mine.

The definite article is used with family members in the singular.

> Mia nonna abita a Roma. My grandmother lives in Rome.
> **La mia** abita a Napoli. Mine lives in Naples.

ci

ci is used to refer to location. It is used to mean 'here/there' or 'to/by/in here/there', although in some instances its meaning in English is understood rather than translated. It usually comes before the verb.

> Siete mai stati a Parigi? Sì, **ci** siamo andati molte volte.
> Have you ever been to Paris? Yes, we've gone there many times.
> Quando andate a Roma? **Ci** andiamo venerdì.
> When are you going to Rome? We're going (there) on Friday.

ne

ne can mean 'of it/him/her', 'about it/him/her', etc., or 'of them', 'about them', etc. In some instances it isn't translated, but it must be included.

> Vorrei delle banane. I would like some bananas.
> Quante **ne** vuole? How many (of them) do you want?

Maria parlerà delle sue vacanze. Maria will talk about her holidays.

Maria **ne** parlerà. Maria will talk about them.

Prepositions

In addition to the general meanings of the prepositions illustrated throughout the course, the following uses are particularly worth noting.

a with cities

in with countries and regions

Abito **a** Parma. I live in Parma.

Vado **a** Parigi. I am going to Paris.

Vivono **in** Italia – **in** Toscana. They live in Italy – in Tuscany.

di to express possession

la mamma **di** Federica Federica's mum

da + name of a person means 'to ... 's'

Vai **da** Paola? Are you going to Paola's?

Andate **dal** giornalaio? Are you going to the newsagent's?

Sei già stato **dal** dentista? Have you already been to the dentist's?

da + present tense to describe an action which began in the past and which continues in the present ('for', 'since')

È malato **da** due giorni. He has been ill for two days.

Lavorano qui **dal** 1975. They have worked here since 1975.

Prepositions and articles

When the prepositions **a** ('to'), **da** ('from'), **di** ('of'), **in** ('in'), and **su** ('on') are followed by the definite article, the words combine as follows.

	singular				*plural*		
	il	lo	l'	la	i	gli	le
a	al	allo	all'	alla	ai	agli	alle
da	dal	dallo	dall'	dalla	dai	dagli	dalle
di	del	dello	dell'	della	dei	degli	delle
in	nel	nello	nell'	nella	nei	negli	nelle
su	sul	sullo	sull'	sulla	sui	sugli	sulle

La sveglia è **sul** comodino. The alarm clock is on the bedside cabinet.

I pantaloni sono **nell'**armadio. The trousers are in the wardrobe.

Adverbs

Regular adverbs

Most adverbs are formed by adding **-mente** to the feminine form of the adjective.

lento slow   **lenta*mente*** slowly
vero true   **vera*mente*** truly

Adjectives ending in –e in the singular simply add **-mente**.

triste sad   **triste*mente*** sadly
semplice simple   **semplice*mente*** simply

However, if the adjective ends in **-re** or **-le**, the **-e** is dropped:

normale normal   **normal*mente*** normally
regolare regular   **regolar*mente*** regularly

The comparative and superlative

Comparative

più ... di	Lui è **più** giovane **di** lei.
	He is younger than she is.
meno ... di	Lui è **meno** vivace **di** lei.
	He is less lively than she is.
(tanto) ... quanto/come	Lui è alto **quanto** lei.
	He's as tall as she is.

Superlative

To say 'the most ...' in Italian is **il / la / i / le più**; 'the least ...' is **il / la / i / le meno**.

Mara è **la più** giovane. Mara is the youngest.
Franco è **il più** alto. Franco is the tallest.

After a superlative 'in' is translated by **di**.

È la **ragazza più** intelligente **della** classe. She is the cleverest girl in her class.
È l'**albergo più** costoso **di** Venezia. It is the most expensive hotel in Venice.

Irregular forms

Some adjectives have two different forms of the comparative and superlative. The distinctions in meaning are slight and best learnt in context (see examples on page 141 – Unit 10).

	comparative	*superlative*
buono (good)	più buono / migliore	il/la più buono/a / il/la migliore
cattivo (bad)	più cattivo / peggiore	il/la più cattivo/a / il/la peggiore
grande (big)	più grande / maggiore	il/la più grande / il/la massimo/a
piccolo (small)	più piccolo / minore	il/la più piccolo/a / il/la minimo/a

Expressing quantities

di + *article*

> Ordino **del** vino? Shall I order some wine?
> Preferisco **dell'**acqua. I prefer some water.
> Compra **dei** pomodori. Buy some tomatoes.
> Hai **delle** aspirine? Do you have any aspirins?

qualche

qualche is always followed by a singular noun and a verb in the singular.

> Ho **qualche amico** a Roma. I have some friends in Rome.

Asking questions

There are two ways of asking questions: (a) you keep the same wording as the sentence, but use a rising intonation; (b) you use a question word – then the verb and the subject change places.

> **È inglese?** Are you English?
> **Dove lavora Roberta?** Where does Roberta work?

Negatives

To make a sentence negative, you simply put **non** in front of the verb.

> **Sono** americano. I'm American.
> **Non sono** americano. I'm not American.

Numbers

1	uno	17	diciassette	80	ottanta
2	due	18	diciotto	81	ottantuno
3	tre	19	diciannove	82	ottantadue, etc.
4	quattro	20	venti	90	novanta
5	cinque	21	ventuno	91	novantuno
6	sei	22	ventidue	92	novantadue, etc.
7	sette	23	ventitré	100	cento
8	otto	30	trenta	101	centouno
9	nove	40	quaranta	102	centodue
10	dieci	50	cinquanta	200	duecento
11	undici	60	sessanta	202	duecentodue
12	dodici	70	settanta	999	novecentonovantanove
13	tredici	71	settantuno	1000	mille
14	quattordici	72	settantadue	2000	duemila
15	quindici	73	settantatre	2001	duemilauno
16	sedici	74	settantaquattro, etc.		

Verbs

The infinitive

Dictionaries and glossaries usually list verbs in the infinitive form, which in Italian has three different endings: **-are**, **-ere**, or **-ire** (apart from a few irregular forms in **-rre**). Regular verbs within each group take the same endings.

The present tense

Italian has just one form of the present tense: **io lavoro** can be translated as either 'I work' or 'I am working', according to context. Besides expressing actions which relate to the immediate present, it can also be used to express:

– actions which are done regularly

  Ogni mattina **faccio** una passeggiata. Every morning I go for a walk.

– actions which relate to the immediate future.

  Fra un mese **andiamo** in Spagna. In a month we're going to Spain.

For the forms of the present tense, see the verb tables on pages 232–236.

Reflexive verbs

Reflexive verbs can easily be identified by the additional **si** which appears at the end of the infinitive (**chiamarsi**): they end in **-arsi**, **-ersi**, or **–irsi**, taking the endings for **-are**, **-ere**, and **-ire** verbs respectively. They just add the reflexive pronouns **mi, ti, si, ci, vi** and **si** in front of the verb.

	alzar*si* – to get up	**divertir*si*** – to enjoy oneself
(io)	*mi* alzo	*mi* diverto
(tu)	*ti* alzi	*ti* diverti
(lui/lei)	*si* alza	*si* diverte
(noi)	*ci* alziamo	*ci* divertiamo
(voi)	*vi* alzate	*vi* divertite
(loro)	*si* alzano	*si* divertono

Non **si alzano** mai prima delle otto. They never get up before eight.

Si divertirà senz'altro. No doubt he will enjoy himself.

The imperative

The imperative is used to give orders, instructions, and advice. Irregular imperative forms are covered in the verb tables on pages 234–236.

The *tu* form of the imperative is used to address children or people you know well. The *voi* form is used to address a group of people. Except for the *tu* form of the -are verbs, the other forms are the same as the present tense.

	parlare	credere	sentire	finire
(tu)	parla	credi	senti	finisci
(voi)	parlate	credete	sentite	finite

The imperative also has a **noi** form, translated 'let's …'. This is the same as the present tense.

	parlare	credere	sentire	finire
(noi)	parliamo	crediamo	sentiamo	finiamo

The *lei form* of the imperative is used with adults you don't know.

	parlare	credere	sentire	finire
(lei)	parli	creda	senta	finisca

The imperative and object pronouns

Direct and indirect object pronouns come *before the lei imperative*.

> **La guardi** meglio. È tutta sporca! Look at it more closely.
> It's all dirty!
> Non **lo ascolti**! Scherza. Don't listen to him. He's joking.

However, they are added to the *end of the tu, voi, and noi imperatives*.

> Telefona**tegli** al più presto. Ring him very soon.
> Alziamo**ci** alle sette. Let's get up at seven o'clock.
> Non parliamo**ne** più. Let's not speak any more about it.

When you add a pronoun to the **tu** imperative forms of **andare**, **fare**, **dare**, **dire**, and **stare**, the first letter of the pronoun is doubled. The only exception to this is **gli**.

> Di**mmi** la verità! Tell me the truth!
> Da**lle** questo. Give her this.
> Di**gli** che arrivo domani. Tell him I'll arrive tomorrow.

The negative imperative

tu-form	**non** + infinitive	**Non fumare**, per favore.
		Please don't smoke.
other forms	**non** + imperative	**Non fumate**, per favore.
		Please don't smoke.

In the negative, object pronouns come *before the lei imperative*.

> Non **lo** dica! Don't say it!

They can either come *before the tu, voi, and noi imperatives* or be added on to the *end* of it. In the negative **tu** form, the final **-e** of the infinitive is dropped when an object pronoun is added on.

> Non **dirlo**!/Non **lo dire**! Don't say it!

The perfect tense

The perfect tense is used to describe a single completed event or action which took place in the past. It can be translated in one of two ways, depending on the context: for example, **ho parlato** can be mean either 'I spoke' or 'I have spoken'. It is formed with the present tense of **avere** or **essere** + the past participle of the verb required. For regular verbs this is formed as follows: **-are** verbs → **-ato**, **-ere** verbs → **-uto**, and **-ire** verbs → **-ito**.

> parl**ato**   cred**uto**   sent**ito**

With avere

Most transitive verbs form the perfect tense with **avere**.

> **Ho mangiato** troppo. I've eaten too much.
> Non **ha avuto** molta fortuna. She didn't have much luck.

When **avere** is used, the past participle must agree with any direct object which comes before the verb. Note that **lo** and **la** shorten to **l'**; **li** and **le** don't.

> Ho comprato una macchina. **L'**ho compra**ta** ieri. I bought a car. I bought it yesterday.
> Hai visto Maria e Carla? Sì **le** ho viste ieri. Did you see Maria and Carla? Yes, I saw them yesterday.

With essere

Most intransitive verbs, all reflexive verbs, and a few others (such as **essere, piacere, sembrare**, etc.) form the perfect tense with **essere**. When this happens, the past participle acts like an adjective: it agrees with the subject in gender and number.

> Maria **è andata** a Roma molte volte. Maria has gone to Rome many times.
> **Ci siamo annoiati** molto. We got really bored.
> La serata **è stata** veramente piacevole. The evening was very pleasant.

Irregular past participles

* indicates a verb forming the perfect with **essere**

infinitive	*past participle*
aprire (to open)	**aperto**
bere (to drink)	**bevuto**
chiedere (to ask)	**chiesto**
chiudere (to close)	**chiuso**
crescere* (to grow)	**cresciuto**
decidere (to decide)	**deciso**
dire (to say)	**detto**
essere* (to be)	**stato**
fare (to do)	**fatto**
leggere (to read)	**letto**
mettere (to put)	**messo**
morire* (to die)	**morto**
nascere* (to be born)	**nato**
perdere (to lose)	**perso**
piacere* (to please)	**piaciuto**
prendere (to take)	**preso**
rimanere* (to stay)	**rimasto**
scegliere (to choose)	**scelto**
scrivere (to write)	**scritto**
stare* (to stay, to be situated)	**stato**
succedere* (to happen)	**successo**
trascorrere (to spend)	**trascorso**
vedere (to see)	**visto**
venire* (to come)	**venuto**
vincere (to win)	**vinto**
vivere (to live)	**vissuto**

The imperfect tense

The imperfect tense is used:

1. to describe something which used to happen frequently or regularly in the past.
   Andavamo a scuola a piedi. We walked/We used to walk to school.

2. to describe what was happening or what the situation was when something else happened.
   Dormivo quando Sergio **è arrivato**. I was sleeping when Sergio arrived.
   Aveva sei anni quando è **nata** Carla. He was six when Carla was born.

3. to express an emotional or physical state in the past and to refer to time, age, or the weather.
   Ieri sera Beatrice **era** stanca. Beatrice was tired.
   Aveva i capelli biondi. She had blonde hair.
   Erano le sette. It was seven o'clock.
   Quando **eravamo** piccoli, ci piaceva andare al mare. When we were little, we used to like going to the seaside.
   Era una bella giornata. It was a lovely day.

The imperfect tense is formed by adding the following endings to the stem.

	parlare – to speak	credere – to believe	sentire – to hear
(io)	parla*vo*	crede*vo*	sent*ivo*
(tu)	parla*vi*	crede*vi*	sent*ivi*
(lui/lei; lei)	parla*va*	crede*va*	sent*iva*
(noi)	parla*vamo*	crede*vamo*	sent*ivamo*
(voi)	parla*vate*	crede*vate*	sent*ivate*
(loro)	parla*vano*	crede*vano*	sent*ivano*

See the verb tables for details of verbs which are irregular in the imperfect.

Use of the perfect and the imperfect

The perfect is used to describe a completed or single action in the past; the imperfect describes a continuing, repeated, or habitual action. When they are used together, the imperfect is the tense that sets the scene, while the perfect is used to move the action forward.

Ho visto Marco giovedì. I saw Marco on Thursday.
Andavo in piscina il giovedì. I used to go swimming on Thursdays.
Perché **faceva** caldo, **siamo andati** tutti al mare. Because it was hot, we all went to the seaside.

The future tense

In Italian, the future can be expressed in different ways.

1 You can use the present tense with an appropriate time expression when talking about plans (as in English):

Non sono libero domani. I'm not/I won't be available tomorrow.

Partiamo per le vacanze lunedì prossimo. We're going on holiday next Monday.

2 You can use the future tense – especially when making predictions (as in weather forecasts or horoscopes) or stating a fact about the future.

Avrete molto successo. You will have great success.
Balleranno tutta la notte. They'll dance all night.
Domani **nevicherà**. Tomorrow it will snow.

The future tense is formed by dropping the final **-e** of the infinitive and adding the future endings. In **-are** verbs, the **-a** in the infinitive changes to **-e**.

	parlare	prendere	dormire
(io)	parlerò	prenderò	dormirò
(tu)	parlerai	prenderai	dormirai
(lui)	parlerà	prenderà	dormirà
(noi)	parleremo	prenderemo	dormiremo
(voi)	parlerete	prenderete	dormirete
(loro)	parleranno	prenderanno	dormiranno

Stasera Elio **parlerà** con il padre. Tonight Elio will talk to his father.

Non lo **lascerà** mai. She'll never leave him.

Verbs ending in **-care** and **-gare** add an **h** before the endings to keep the hard sound of the stem.

Gli spie**gheremo** tutto noi. We will explain everything to him.
Cer**cherete** subito lavoro? Will you be looking for work straightaway?

For irregular future forms, see page 199 and the verb tables on pages 233–236.

The conditional

In Italian the conditional is used for polite requests and suggestions, and to express a wish or a probable action. The endings are the same for all conjugations and, like the future tense, are added to the infinitive minus the final **-e** (or, if irregular, to the same stem used for the future tense). As with the future, the a in **-are** verbs changes to e. The rules affecting the spelling of **cercare**, **mangiare**, etc. also apply: see above. A verb which has an irregular future tense stem uses the same stem in the conditional.

	parlare – to speak	prendere – to take	dormire – to sleep
(io)	parler*ei*	prender*ei*	dormir*ei*
(tu)	parler*esti*	prender*esti*	dormir*esti*
(lui/lei; lei)	parler*ebbe*	prender*ebbe*	dormir*ebbe*
(noi)	parler*emmo*	prender*emmo*	dormir*emmo*
(voi)	parler*este*	prender*este*	dormir*este*
(loro)	parler*ebbero*	prender*ebbero*	dormir*ebbero*

Potremmo venire con te. We could come with you.
Dovresti andare a letto presto. You should go to bed early.
Vorrebbe fare una partita a tennis? Would you like to play a tennis match?
Non **vivrebbero** mai all'estero. They'd never live abroad.
Saresti il primo a saperlo. You'd be the first to know.

Regular verbs: -*are*

parlare – to speak (past participle **parlato**)

	present	*future*	*imperfect*	*imperative*
(io)	**parlo**	**parlerò**	**parlavo**	
(tu)	**parli**	**parlerai**	**parlavi**	**parla**
(lui/lei; lei)	**parla**	**parlerà**	**parlava**	**parli**
(noi)	**parliamo**	**parleremo**	**parlavamo**	**parliamo**
(voi)	**parlate**	**parlerete**	**parlavate**	**parlate**
(loro)	**parlano**	**parleranno**	**parlavano**	

Verbs in -**care** and -**gare**, such as **cercare** ('to look for') or **spiegare** ('to explain'), add an **h** before **i**.

Cer**ch**iamo un posto tranquillo. We're looking for a quiet place.
Ti spie**gh**iamo tutto domani. We'll explain everything tomorrow.

Regular verbs: -*ere*

credere – to believe (past participle **creduto**)

	present	*future*	*imperfect*	*imperative*
(io)	**credo**	**crederò**	**credevo**	
(tu)	**credi**	**crederai**	**credevi**	**credi**
(lui/lei; lei)	**crede**	**crederà**	**credeva**	**creda**
(noi)	**crediamo**	**crederemo**	**credevamo**	**crediamo**
(voi)	**credete**	**crederete**	**credevate**	**credete**
(loro)	**credono**	**crederanno**	**credevano**	

Regular verbs: -*ire* (1)

sentire – to hear (past participle **sentito**)

	present	*future*	*imperfect*	*imperative*
(io)	**sento**	**sentirò**	**sentivo**	
(tu)	**senti**	**sentirai**	**sentivi**	**senti**

(lui/lei; lei)	sente	sentirà	sentiva	senta
(noi)	sentiamo	sentiremo	sentivamo	sentiamo
(voi)	sentite	sentirete	sentivate	sentite
(loro)	sentono	sentiranno	sentivano	

Regular verbs: -ire (2)

Some verbs in -ire insert -isc between the stem and the ending in the three singular forms and in the 3rd person plural form of the present tense.

finire – to finish (past participle **finito**)

	present	future	imperfect	imperative
(io)	finisco	finirò	finivo	
(tu)	finisci	finirai	finivi	finisci
(lui/lei; lei)	finisce	finirà	finiva	finisca
(noi)	finiamo	finiremo	finivamo	finiamo
(voi)	finite	finirete	finivate	finite
(loro)	finiscono	finiranno	finivano	

Irregular verbs

avere – to have (past participle **avuto**)

	present	future	imperfect	imperative
(io)	ho	avrò	avevo	
(tu)	hai	avrai	avevi	abbi
(lui/lei; lei)	ha	avrà	aveva	abbia
(noi)	abbiamo	avremo	avevamo	abbiamo
(voi)	avete	avrete	avevate	abbiate
(loro)	hanno	avranno	avevano	

essere* – to be (past participle **stato**)

	present	future	imperfect	imperative
(io)	sono	sarò	ero	
(tu)	sei	sarai	eri	sii
(lui/lei; lei)	è	sarà	era	sia
(noi)	siamo	saremo	eravamo	siamo
(voi)	siete	sarete	eravate	siate
(loro)	sono	saranno	erano	

andare* – to go (past participle **andato**)

	present	future	imperfect	imperative
(io)	vado	andrò	andavo	
(tu)	vai	andrai	andavi	va'
(lui/lei; lei)	va	andrà	andava	vada
(noi)	andiamo	andremo	andavamo	andiamo
(voi)	andate	andrete	andavate	andate
(loro)	vanno	andranno	andavano	

bere – to drink (past participle **bevuto**)

	present	future	imperfect	imperative
(io)	bevo	berrò	bevevo	
(tu)	bevi	berrai	bevevi	bevi
(lui/lei; lei)	beve	berrà	beveva	beva
(noi)	beviamo	berremo	bevevamo	beviamo
(voi)	bevete	berrete	bevevate	bevete
(loro)	bevono	berranno	bevevano	

dare – to be able to (past participle **dato**)

	present	future	imperfect	imperative
(io)	do	darò	davo	
(tu)	dai	darai	davi	da'
(lui/lei; lei)	dà	darà	dava	dia
(noi)	diamo	daremo	davamo	diamo
(voi)	date	darete	davate	date
(loro)	danno	daranno	davano	

dire – to say (past participle **detto**)

	present	future	imperfect	imperative
(io)	dico	dirò	dicevo	
(tu)	dici	dirai	dicevi	di'
(lui/lei; lei)	dice	dirà	diceva	dica
(noi)	diciamo	diremo	dicevamo	diciamo
(voi)	dite	direte	dicevate	dite
(loro)	dicono	diranno	dicevano	

dovere – to have to (past participle **dovuto**)

	present	future	imperfect
(io)	devo	dovrò	dovevo
(tu)	devi	dovrai	dovevi
(lui/lei; lei)	deve	dovrà	doveva
(noi)	dobbiamo	dovremo	dovevamo
(voi)	dovete	dovrete	dovevate
(loro)	devono	dovranno	dovevano

fare – to do, to make (past participle **fatto**)

	present	future	imperfect	imperative
(io)	faccio	farò	facevo	
(tu)	fai	farai	facevi	fa'
(lui/lei; lei)	fa	farà	faceva	faccia
(noi)	facciamo	faremo	facevano	facciamo
(voi)	fate	farete	facevate	fate
(loro)	facciano	faranno	facevano	

potere – to be able to (past participle **potuto**)

	present	future	imperfect
(io)	posso	potrò	potevo
(tu)	puoi	potrai	potevi

(lui/lei; lei)	può	potrà	poteva
(noi)	possiamo	potremo	potevamo
(voi)	potete	potrete	potevate
(loro)	possono	potranno	potevano

sapere – to know (a fact, how to do something) (past participle **saputo**)

	present	*future*	*imperfect*	*imperative*
(io)	so	saprò	sapevo	
(tu)	sai	saprai	sapevi	sappi
(lui/lei; lei)	sa	saprà	sapeva	(sappia)
(noi)	sappiamo	sapremo	sapevamo	(sappiamo)
(voi)	sapete	saprete	sapevate	sappiate
(loro)	sanno	sapranno	sapevano	

stare* – to stay (past participle **stato**)

	present	*future*	*imperfect*	*imperative*
(io)	sto	starò	stavo	
(tu)	stai	starai	stavi	sta'
(lui/lei; lei)	sta	starà	stava	stia
(noi)	stiamo	staremo	stavamo	stiamo
(voi)	state	starete	stavate	state
(loro)	stanno	staranno	stavano	

uscire* – to go out (past participle **uscito**)

	present	*future*	*imperfect*	*imperative*
(io)	esco	uscirò	uscivo	
(tu)	esci	uscirai	uscivi	esci
(lui/lei; lei)	esce	uscirà	usciva	esca
(noi)	usciamo	usciremo	uscivamo	usciamo
(voi)	uscite	uscirete	uscivate	uscite
(loro)	escono	usciranno	uscivano	

venire* – to come (past participle **venuto**)

	present	*future*	*imperfect*	*imperative*
(io)	vengo	verrò	venivo	
(tu)	vieni	verrai	venivi	vieni
(lui/lei; lei)	viene	verrà	veniva	venga
(noi)	veniamo	verremo	venivamo	veniamo
(voi)	venite	verrete	venivate	venite
(loro)	vengono	verranno	venivano	

volere – to want (past participle **voluto**)

	present	*future*	*imperfect*
(io)	voglio	vorrò	volevo
(tu)	vuoi	vorrai	volevi
(lui/lei; lei)	vuole	vorrà	voleva
(noi)	vogliamo	vorremo	volevamo
(voi)	volete	vorrete	volevate
(loro)	vogliono	vorranno	volevano

Vocabulary

* denotes a verb which forms the perfect tense with **essere**

A

	a	at, to, in
	a due passi	very near
	a fantasia	patterned
	a presto	see you soon
	a quadri	checked
	a righe	striped
	a volte	sometimes
	abbastanza	quite, enough
l'	**abbigliamento**	clothing
	abbronzarsi*	to tan
	abitare	to live
l'	**abito**	dress
	accanto (a)	next to
	accendere	to switch on
	accettare	to accept
	accomodarsi*	to take a seat
l'	**acqua (minerale)**	(mineral) water
	addormentarsi*	to fall asleep
	adesso	now
l'	**aereo**	aeroplane
l'	**aeroporto**	airport
	affidabile	reliable
	affittare	to rent
l'	**affitto**	rent
	affollato/a	crowded
l'	**aglio**	garlic
l'	**agnello**	lamb
	agosto	August
l'	**aiuto**	help
	al sangue	rare
l'	**albergo**	hotel
l'	**albero**	tree
	all'angolo (di)	at the corner of
	alla fine (di)	at the end (of)
	alla moda	fashionable
	allegro/a	cheerful
	all'improvviso	suddenly
	allora	(well) then
l'	**alpinismo**	mountain climbing
l'	**alta moda**	fashion
	altro/a	other
	alzarsi*	to get up
	amare	to love
	americano/a	American
l'	**amico/a** *(m/f)*	friend
	anche	also
	ancora	still
	andare*	to go
	annoiarsi*	to be bored
l'	**antipasto**	starter, appetizer
	anzi	on the contrary
	anziano/a	old
	aperto/a	open
l'	**appartamento**	apartment
	appena	just, as soon as
	aprile	April
	aprire	to open
l'	**arancia**	orange
	arancione	orange [*colour*]
l'	**argento**	silver
l'	**aria condizionata**	air-conditioning
l'	**armadio**	wardrobe, closet
	arrabbiarsi*	to get angry
	arrivare*	to arrive
	arrivederci [*informal*]	goodbye
	arrivederla [*formal*]	goodbye
l'	**ascensore** *(m)*	lift, elevator
l'	**asciugacapelli** *(m)*	hairdryer
	asciugare	to dry
	ascoltare	to listen to
	aspettare	to wait
l'	**assegno**	cheque, check
l'	**atteggiamento**	attitude
l'	**attenzione** *(f)*	attention
l'	**attore/attrice** *(m/f)*	actor/actress
	auguri!	best wishes!
	australiano/a	Australian
l'	**autobus** *(m)*	bus
l'	**automobile** *(f)*	car
l'	**autostrada**	motorway, highway
l'	**autunno**	autumn, fall
	avere	to have
	avere bisogno di	to need
	avere fame	to be hungry
	avere fretta	to be in a hurry
	avere paura	to be scared
	avere ragione	to be right
	avere sete	to be thirsty
	avere sonno	to be sleepy
	avere torto	to be wrong
	avere voglia	to feel like
l'	**avvocato** *(m/f)*	lawyer

B

il	**bacio**	kiss
il	**bagno**	bathroom
	ballare	to dance
il/la	**bambino/a**	baby boy/ baby girl
la	**bambola**	doll
la	**banca**	bank
	bene	well, fine
	benone	very well
la	**benzina**	petrol, gas
	bere	to drink

	bianco/a	white
la	bibita	drink
la	biblioteca	library
il	bicchiere	glass
la	bicicletta	bicycle
la	biglietteria	ticket office
il	biglietto (di andata/	ticket
	andata e ritorno)	(single/return)
il	binario	platform
la	birra (alla spina)	(draught) beer
la	bistecca	steak
	blu	blue
la	bolletta	utility bill
la	borsa	bag
il	braccio [pl. le braccia]	arm
	brasiliano/a	Brazilian
il	brindisi	toast
	bruciato/a	burnt
il	buon affare	bargain
	buon appetito	enjoy your meal
	buonanotte	good night
	buonasera	good evening, hello
	buongiorno	hello, good morning, good afternoon
	buono/a	good
il	burro	butter

C

	c'è	there is
	cadere*	to fall
il	caffè	coffee, café
il	calciatore	footballer, soccer player
il	calcio	football, soccer
	caldo/a	hot
le	calze	tights, pantyhose
	cambiare	to change
la	camera (da letto)	(bed)room
la	camera matrimoniale	double room
il/la	cameriere/a (m/f)	waiter/waitress
la	camicia	shirt
	camoscio	suede
la	campagna	countryside
il	campeggio	campsite, camping
	canadese	Canadian
il/la	cantante (m/f)	singer
i	capelli	hair
	capire (-isc-)	to understand
il	Capodanno	New Year
il	cappotto	coat
la	caramella	sweet
il	carciofo	artichoke
	carino/a	handsome, pretty
la	carne	meat
	caro/a	dear, expensive
la	carta di credito	credit card
le	carte	cards
il	cartello (stradale)	(road) sign
la	casa	house, home

la	cassa	till, cash register
il/la	cassiere/a (m/f)	cashier
	cattivo/a	nasty
la	cena	dinner
	cenare	to have dinner
il	centesimo	cent
	cento	hundred
il	centro commerciale	shopping centre
il	centro (storico)	centre of town
	cercare	to look for
	certo	of course, surely
	chi	who
	chiacchierare	to chat
	chiamare	to call
	chiamarsi*	to be called
	chiedere	to ask
la	chiesa	church
il	chilo	kilo
	chiuso/a	closed
	ci (sono)	there (are)
	ci vuole/vogliono	it takes
	ciao	hi, bye
il	cibo	food
la	cintura	belt
	ciò	this
il/la	cioccolato/a	chocolate/hot chocolate
la	cipolla	onion
	circa	approximately
la	città	city
il/la	cliente (m/f)	client
	climatizzato/a	air-conditioned
la	coda	queue, line
il/la	cognato/a	brother-/sister-in-law
la	coincidenza	connection, coincidence
la	colazione	breakfast
il/la	collega (m/f)	colleague
la	collina	hill
il	colore	colour
	cominciare	to begin
la	commedia	play
il /la	commesso/a	sales assistant
	comodo/a	comfortable
i	compiti	homework
il	compleanno	birthday
	comprare	to buy
	compreso/a	included
	con	with
	confermare	to confirm
	conoscere	to know [a person or place]
	consigliare	to advise
i	contanti	cash
	continuare	to carry on, to continue
il	conto	bill, check
il	contorno	side dish
	controllare	to check
la	coppia	couple
il	cornetto	croissant

	correre	to run
la	corsa semplice	one-way journey
il	corteo	demonstration
	cortese	kind
il	cortile	courtyard
(che)	cosa?	what?
la	cosa	thing
	così	so
	costoso/a	expensive
il	costume	swimming costume, swimsuit
la	cotoletta	cutlet, chop
	cotto/a	cooked
la	cravatta	tie
	crescere*	to grow up
	crudo/a	raw
il	cucchiaio	spoon
la	cucina	kitchen
il/la	cugino/a	cousin
il	cuoio	leather
	curare	to look after

D

	d'accordo	OK
	da	from
	dai	come on
	davanti (a)	in front of
	davvero	really
	decidere	to decide
il	denaro	money
	descrivere	to describe
(a)	destra	(on the) right
	di	of, from
	di fronte (a)	opposite
	di meno	less
	di niente	not at all
	di più	more
	di solito	usually
	dicembre	December
	dietro (a)	behind
	dimagrire	to lose weight
	dimenticare	to forget
	dimostrare	to show
	dipinto/a	painted
	dire	to say
	discutere	to discuss
	disponibile	available
la	ditta	company
	diventare*	to become
	diverso/a	different
	divertirsi*	to enjoy oneslf
	divorziato/a	divorced
la	doccia	shower
il	dolce	dessert
	dolce	sweet
	domani	tomorrow
la	domenica	Sunday
la	donna	woman
	dormire	to sleep
il	dottore	doctor
	dove	where

	dovere	to have to
	dovunque	everywhere
	dritto	straight on
la	drogheria	delicatessen
il	dubbio	doubt
il	duomo	cathedral
	durare*	to last
	duro/a	hard, tough

E

	e	and [sometimes *ed* before a vowel]
	ecco	here is
l'	edicola	newspaper kiosk, newsstand
	essere*	to be
	essere in ritardo	to be late
l'	estate (f)	summer
l'	età	age
l'	etto	100 grams
l'	euro (m)	euro

F

	fa	ago
la	fabbrica	factory
	facile	easy
la	famiglia	family
	fare	to do, to make
la	farmacia	pharmacy, drugstore
il	fax	fax
	febbraio	February
la	febbre	fever, temperature
il	fegato	liver
	felice	happy
la	femmina	female
le	ferie	holidays, vacation
	fermarsi*	to stop
la	fermata (dell'autobus)	(bus) stop
la	festa	party
il/la	fidanzato/a	fiancé(e)
il/la	figlio/a	son/daughter
il	fine settimana	weekend
	finire (-isc-)	to finish
	fino a	as far as, (up) to, until,
il	fioraio	florist
il	fornaio	baker
il	forno	oven
	forse	perhaps
	forte	hard
la	fragola	strawberry
	fra/tra	in [time], between
	francese	French
il	fratello	brother
la	fretta	hurry
la	frutta	fruit
il	fruttivendolo	greengrocer, fruit and vegetable store

239

	fumare	to smoke
il	fungo	mushroom
	funzionare	to work
	fuori	outside

G

i	gabinetti	toilets
	gallese	Welsh
	gassato/a	sparkling [water]
il	gelato	ice-cream
il	genitore	parent
	gennaio	January
la	gente	people
	ghiacciato/a	iced, icy
	già	already
la	giacca	jacket
	giallo/a	yellow
	giapponese	Japanese
il	giardino	garden
	giocare	to play
il	giocattolo	toy
il	gioco	game
il	giornale	newspaper
il/la	giornalista	journalist
il	giovedì	Thursday
	girare	to turn
la	gita	trip
	giugno	June
	goloso/a	greedy
il	governo	government
il	grande magazzino	department store
	grasso/a	fat
	grazie	thank you
	greco/a	Greek
il	grido	shout
	grigio/a	grey
la	griglia	grill
	grosso/a	big
il	guanto	glove
	guardare	to watch
	guasto/a	broken, off [food]
la	guida	guide [person or book]
	guidare	to drive
	gustare	to taste
	gustoso/a	tasty

I

	ieri	yesterday
	imparare	to learn
	impegnato/a	busy
l'	impegno	engagement, commitment
l'	impiegato/a	clerk
	improvvisamente	suddenly
	in	in
	in fondo (a)	at the far end of, at the bottom of
	in orario	on time
l'	incidente	accident
	incontrare,	to meet

	incontrarsi*	
l'	incontro	meeting
l'	incrocio	crossroad
	indimenticabile	unforgettable
	indossare	to wear
l'	infermiere/a (m/f)	nurse
l'	influenza	flu
l'	informatica	computer studies
	inglese	English
l'	ingorgo	traffic jam
l'	ingresso	entrance hall
l'	inizio	start
	inoltre	in addition
l'	inquinamento	pollution
l'	insalata	salad
l'	insegnante (m/f)	teacher
	insegnare	to teach
	insieme	together
	intelligente	clever
	interessante	interesting
	interessarsi*	to be interested
	introdurre	to introduce
	invece	instead
l'	inverno	winter
	invitare	to invite
	io	I
	irlandese	Irish
l'	Italia	Italy
	italiano/a	Italian

L

	là	there
la	lampada	lamp
la	lana	wool
il	latte	milk
la	lattina	can
	lavarsi*	to have a wash, to wash oneself
il	lavoro	work
	lavorare	to work
	leggere	to read
	leggero/a	light
	lei	she; you [formal]
	lento/a	slow
la	lettera	letter
la	lezione	lesson
	lì	there
	libero/a	free
il	libro	book
la	linea	line
la	lingua	language
la	lista	list
il	listino prezzi	price list
il	litro	litre
	locale	local
	lontano/a (da)	far (from)
	loro	they
	luglio	July
	lui	he
il	lunedì	Monday

M

	ma	but
la	macchina	car
la	macedonia	fruit salad
la	macelleria	butcher's shop
il	macinato	minced beef, ground beef
la	madre	mother
	magari	perhaps
	magari!	I wish!
	maggio	May
la	magli(ett)a	top
il	maglione	jumper, sweater
	mai	ever, never
il	mal di gola	sore throat
il	mal di stomaco	stomachache
il	mal di testa	headache
	mancare	to lack, to miss
	mandare	to send
	mangiare	to eat
il	marito	husband
la	marmellata	jam
	marrone	brown
il	martedì	Tuesday
	marzo	March
il	maschio	male
la	mattina	morning
la	media	average
il	medico (m)	doctor
	meglio	better
la	mela	apple
la	melanzana	aubergine, eggplant
	meraviglioso/a	wonderful
il	mercato	market
il	mercoledì	Wednesday
il	mese	month
la	metropolitana	underground, subway
	mettere	to put
la	mezza pensione	half board, half American plan
la	mezzanotte	midnight
	mezzo/a	half
il	mezzogiorno	midday
	mi dispiace	I am sorry
	migliore	better
il	milione	million
	mille	1000
i	mobili	furniture
	moderno/a	modern
la	moglie	wife
	molto	a lot
la	montagna	mountain
	morbido/a	soft
	morire*	to die
	morto/a	dead
la	mostra	exhibition
la	motocicletta	motorbike
	muoversi*	to move, to hurry up
il	museo	museum

N

	nascere*	to be born,
il	Natale	Christmas
la	nave	ship
	ne	of it/them; about it/them
	neanche	nor
la	nebbia	fog
il	negozio	shop, store
	nero/a	black
	nevicare	to snow
	niente	nothing
il/la	nipote (m/f)	nephew/niece; grandchild
	no	no
	noi	we
	noioso/a	boring
	non … ancora	not … yet
	non importa	it doesn't matter
	non … mai	never
il/la	nonno/a	grandfather/ grandmother
	nonostante	despite
il	nord	north
	novembre	November
il	numero	number
la	nuora	daughter-in-law
	nuotare	to swim
il	nuoto	swimming
	nuovo/a	new
	nuvoloso/a	cloudy

O

l'	occhio	eye
	offrire	to offer
l'	oggetto	object
	oggi	today
	ogni	every
l'	olio	oil
l'	oliva	olive
	oltre	besides
l'	ora	hour
	ora	now
l'	orario	schedule, timetable
	ordinare	to order
	organizzare	to organize
l'	orologio	watch
l'	ospedale	hospital
l'	ostello della gioventù	youth hostel
	ottimo	excellent, the best
	ottobre	October

P

il	pacchetto	packet, pack
il	padre	father
	pagare	to pay
il	palazzo	palace
la	palestra	gym
la	pallacanestro	basketball

241

la	pallavolo	volleyball		poi	then, after
la	pancetta	bacon	il	pollo	chicken
il	panificio	bakery	il	pomeriggio	afternoon
il	panino	sandwich, roll	il	pomodoro	tomatoes
la	paninoteca	sandwich bar	la	porta	door, goal [sport]
la	panna	cream		portare	to take, to wear
i	pantaloni	trousers, pants	il	posto	job, place
il	parcheggio	car park, parking lot		potere	to be able to
il	parco	park	il	pranzo	lunch
i	parenti	relatives		pranzare	to have lunch
	parlare (di)	to speak (about)	la	pratica	practice
	partire*	to leave		praticare	to do [sports]
la	partita	match, game [sport]		preferire (-isc-)	to prefer
				preferito/a	favourite
la	Pasqua	Easter		prego	don't mention it, you're welcome
il	passamontagna	balaclava			
il	passaporto	passport		prendere	to have; to take, to catch [transport]
il	passatempo	hobby			
la	passeggiata	walk		prenotare	to book
la	pasta	pasta, small cake or pastry	la	prenotazione	booking, reservation
la	pasticceria	patisserie, pastry store		preoccupato/a	worried
				preparare	to prepare
il	pasto	meal		prescrivere	to prescribe
le	patatine fritte	chips, French fries		presto	soon, early
				prima	before
	peccato!	shame!	la	prima colazione	breakfast
	peggio	worse	la	primavera	spring
la	pelle	leather, skin		primo/a	first
	pensare (a)	to think (about)	il	problema	problem
la	pensione	bed and breakfast	il	processo	trial
				produrre	to produce
la	pensione completa	full board, American plan	la	professione	profession
			il /la	professore/essa (m/f)	professor
	per [+ infinitive]	in order to		pronto	hello [on the phone]
	per cortesia	please			
	per favore	please		proprio; proprio/a	really; just, own
	per	for, in order to		prossimo/a	next
	perché	because, why		provarci, provare	to try
la	periferia	outskirts		pulire (-isc-)	to clean
	però	but		pulito/a	clean
	pesante	heavy	il	pullman	coach, bus
la	pesca	peach		purtroppo	unfortunately
il	pesce	fish			
	pessimo	really awful, worst	**Q**		
	pettinarsi	to comb one's hair	il	quadro	painting
				qualche	some
	piacere	pleased to meet you		qualche volta	some times
				qualcosa	something
	piacere	to like		qualcuno	someone
mi	piace	I like		quale?	which?
il	piano terra	ground floor		quant'è?	how much is it?
la	piantina	map		quanto/a	how much
il	piatto	plate, dish		quasi	almost
	piccolo/a	small, young		quello/a	that
la	pietanza	dish		questo/a	this
	pigro/a	lazy		qui/qua	here
	piovere	to rain	il	quotidiano	daily paper
la	piscina	swimming pool			
242	piuttosto	rather			

R

la	raccolta	picking
	raccontare	to tell
il	racconto	story
il/la	ragazzo/a	(boy)friend, (girl)friend
il	regalo	gift
	restare*	to stay
	ricco/a	rich
la	ricetta	recipe
	ricordare	to remember
	ridurre	to reduce
	riguardarsi*	to look after oneself
	rilassarsi*	to relax
	rimanere*	to stay
il	rimedio	remedy
	ripassare	to revise, to review
	ripetere	to repeat
	riposarsi*	to take a rest
la	risposta	reply
il	ritardo	delay
	ritrovare	to encounter, to find
la	riunione	meeting
	rompersi*	to break
	rosa	pink
	rosso/a	red
	rotto/a	broken
	rubare	to steal
la	ruota	wheel

S

il	sabato	Saturday
	salato/a	salty
il	salone	living room
la	salsa	sauce
la	salsiccia	sausage
la	salumeria	delicatessen shop
il	salumiere	delicatessen shopkeeper
	sano/a	healthy
	sapere	to know
	sbagliare	to make a mistake
gli	scacchi	chess
la	scarpa	shoe
	scegliere	to choose
la	scelta	choice
	scendere	to get off
	scherzare	to joke
lo	sci	skiing
	sciare	to ski
la	sciarpa	scarf
	sciocco/a	silly
lo	sciopero	strike
	scontato/a	reduced
lo	sconto	discount, reduction

lo	scontrino	receipt
	scoprire	to discover
	scorso/a	last
	scotto/a	overcooked
	scozzese	Scottish
lo/la	scrittore/ scrittrice (m/f)	writer
	scrivere	to write
la	scuola	school
la	scusa	excuse
	se	if
	secco/a	dry
	secondo/a	second
	seguire	to follow
il	semaforo	traffic light
	sembrare*	to seem
	semplice	simple
	sempre	always
	sentire	to hear
	sentirsi*	to feel
	senz'altro	without doubt
	senza	without
la	sera	evening
	serio/a	serious
	servire	to serve
	settembre	September
la	settimana	week
	severo /a	strict
	sì	yes
il	Signor	Mr
la	Signora	Mrs, Madam
	simpatico/a	nice
(a)	sinistra	(on the) left
il	soggiorno	stay
il	sogno	dream
i	soldi	money
il	sole	sun
	solito/a	usual
	solo/a	only
	soltanto	only
	soprattutto	above all
la	sorella	sister
lo	specchio	mirror
	spedire (-isc-)	to send
	spendere	to spend
	sperare	to hope
la	spesa	food shopping
	spesso	often
lo	spettacolo	performance, show
	spiacente	sorry
la	spiaggia	beach
	spiegare	to explain
gli	spinaci	spinach
	sporco/a	dirty
	sportivo/a	sporty
	sposato/a	married
lo	spuntino	snack
la	squadra	team
	stamattina	this morning
la	stampa	press
	stancarsi*	to get tired

	stare	to be, to stay
	stare bene	to suit
	stasera	tonight
la	**stazione**	station
	stesso/a	same
lo	**stivale**	boot
la	**strada**	road
	straniero/a	foreign
	stretto/a	tight
lo/la	**studente/essa**	student
	studiare	to study
lo	**stufato**	stew
	stufo/a	fed up
	stupendo	wonderful
	su	on, about
	subito	straightaway, immediately
	succedere*	to happen
il	**succo (di frutta)**	(fruit) juice
il	**sud**	south
il/la	**suocero/a** (*m/f*)	father-/mother-in-law
	superare	to pass
il	**supermercato**	supermarket
il	**supplemento**	supplement
	svegliarsi*	to wake up

T

il	**tabaccaio**	tobacconist
la	**tabaccheria**	tobacconist's
la	**taglia**	size
	tanto	a lot
	tardi	late
il	**tavolo**	table
il	**taxi**	taxi
il	**tè**	tea
il	**teatro**	theatre
	tedesco/a	German
il	**telefono**	telephone
la	**televisione**	TV
il	**televisore**	TV set
il	**tempo**	time, weather
il	**temporale**	storm
	tenere	to keep
	tenero/a	tender
	terzo/a	third
	timido/a	shy
il	**tipo**	type
il	**toast**	toasted sandwich
	tornare*	to come back
il	**torneo**	tournament
la	**torta**	cake
	tra/fra	in [*time*], between
il	**traffico**	traffic
	tranquillo/a	quiet
	trascorrere	to spend
	trattare di	to deal with
il	**treno**	train

	triste	sad
	troppo	too much
	trovare	to find
	tu	you [*informal*]
	tutto/a	all

U

l'	**ufficio**	office
l'	**ufficio postale**	post office
	un mondo	a lot [*colloquial*]
	un po'	a little
	unire (-isc-)	to join
	uscire*	to go out

V

la	**vacanza**	holiday, vacation
la	**valigia**	suitcase
	vario/a	different
il	**vaso**	vase
	vecchio/a	old
	vedere	to see
	veloce	fast
	vendere	to sell
il	**venerdì**	Friday
	venire	to come
il	**vento**	wind
	verde	green
	vero/a	true
	verso	approximately
	vestirsi*	to get dressed
la	**vetrina**	shop window
il	**vetro**	glass
	viaggiare	to travel
il	**viaggiatore**	traveller
il	**viaggio**	trip
il	**viale**	avenue
	vicino (a)	near
	vincere	to win
il	**vino**	wine
	viola	purple
	visitare	to visit
il	**viso**	face
la	**vista**	view
	vivere	to live
la	**voce**	voice
	voi	you [*plural*]
	volare	to fly
	volentieri	with pleasure
	volere	to want
	vorrei	I would like

Z

lo	**zaino**	rucksack, knapsack
lo/la	**zio/a**	uncle, aunt
lo	**zucchero**	sugar

Glossary of grammatical terms

Adjective: A word used to give information about a noun.

uno studente **simpatico** – a nice student

l'appartamento è **grande** – the apartment is big

Adverb: A word used to give information about a verb, an adjective, or another adverb. In Italian, most adverbs end in **-mente**.

parlare **lentamente** – to speak slowly
abbastanza grande – quite big
molto bene – very well

Agree: To match another word in number (singular or plural), gender (masculine or feminine), or grammatical person (I, you, etc.).

Article: In English 'the' is the definite article and 'a' and 'an' are the indefinite articles. See *Definite article, Indefinite article*.

Comparative: The form of an adjective or adverb used to express higher or lower degree. See also *Superlative*.

Luigi è **più** grande **di** Lorenzo.
Luigi is older than Lorenzo.

Carlotta legge **meno di** Caterina.
Carlotta reads less than Caterina.

Conditional: A verb form used to express wishes or preferences, or to make polite requests or suggestions.

Vorrei uscire stasera. I would like to go out tonight.

Definite article: In English, the definite article is 'the'. In Italian, the definite articles are **il, lo, l', la, i, gli, le.**

Direct object: The noun, pronoun, or phrase directly affected by the action of the verb.

Lo prendo. I'll take it.

Disjunctive pronoun: The form of a pronoun used for emphasis and after prepositions.

Conosco **lui**. I know him.
Andate con **loro**? Are you going with them?
Per **te** va bene? Is it all right with you?

Ending: A letter or letters added to the stem of the verb to show the tense, subject, and number; also to nouns and adjectives, to show the number and gender.

io abit**o**, noi abit**iamo**
i vin**i** italian**i**

Feminine: One of the two genders in Italian. See *Gender*.

Future tense: The form of a verb used to express what will happen in the future.

Domani **andrò** a New York.
Tomorrow I'm going to New York.
Le **regalerò** un CD per il suo compleanno il mese prossimo. I'll give her a CD for her birthday next month.

Gender: In Italian, all nouns have a gender, either masculine or feminine. Gender is reflected in the form of the definite or indefinite article used. Gender also affects the form of accompanying words such as adjectives, possessive forms, etc.

masculine: **il viaggio, un albergo comodo, il suo ufficio**
feminine: **la macchina, una ragazza simpatica, sua sorella**

245

Imperative: The form of a verb that is used to give orders or instructions, or to suggest that someone does something.

Raccontami tutto!/**Mi racconti** tutto! Tell me everything!
Andiamo! Let's go!

Imperfect tense: The form of a verb used to express a continuous or habitual action in the past.

Mentre Paola **leggeva** il giornale, Maurizio **parlava** al telefono. While Paola was reading the paper, Maurizio was talking on the phone.
Quando **ero** piccola, **abitavo** all'estero. When I was little, I used to live abroad.

Indefinite article: In English, the indefinite articles are 'a' and 'an'. In Italian they are **un**, **uno** and **una, un'**.

Ha comprato **un** giornale. He bought a newspaper.
Ho **un'**idea! I have an idea!.

Indirect object: The noun, pronoun, or phrase indirectly affected by the action of the verb.

Cosa **le** ha detto? What did he say to her?
Ho scritto una lettera **a Mario**. I wrote Mario a letter.

Infinitive: The basic form of a verb, which does not indicate a particular tense, number, or person.

mangiare to eat   **correre** to run
dormire to sleep   **essere** to be
avere to have

Intonation: The pattern of sounds made in a sentence as the speaker's voice rises and falls.

Intransitive verb: A verb which does not require a direct object.

È arrivato a casa un'ora fa.
He arrived home an hour ago.

Irregular verb: A verb that does not follow one of the set patterns and

has its own individual forms. Many common verbs such as **avere** ('to have'), **essere** ('to be'), and **andare** ('to go') are irregular.

Masculine: One of the two genders in Italian. See *Gender*.

Noun: A word that identifies a person, thing, place, or concept.

padre – father   **libro** – book
cane – dog   **scuola** – school
casa – house   **bellezza** – beauty

Number: Indicating whether a noun or pronoun is singular or plural. Number is one of the factors determining the form of accompanying words such as adjectives and possessive forms.

singular:
un gatto – one / a cat
una donna – one / a woman
plural:
due gatti – two cats
due donne – two women
'first', 'second', 'third', etc. are ordinal numbers – i.e. they show the order or sequence in which things come.
la seconda a sinistra – the second (street) on the left

Object: The noun, pronoun, or phrase affected by the action of the verb. See *Direct object, Indirect object*.

Past participle: The form of a verb used either on its own as an adjective or in combination with the verbs **avere** or **essere** in tenses such as the perfect.

mangiato – eaten
scritto – written
finito – finished
voluto – wanted
stato – been

Perfect tense: The form of a verb used to relate completed actions in the past.

Abbiamo finito. We have finished.
Siamo andati al cinema. We went to the cinema.
Ha letto questo libro. He read this book.

Person: A category used to distinguish between the 'I'/'we' (first person), 'you' (second person), and 'he'/'she'/'it'/'they' (third person) forms of the verb. The person is reflected in the verb and/or in the pronoun accompanying it.

> **Mangio.** (first person singular)
> **Lui/Lei corre.** (third person singular)
> **Dormono.** (third person plural)

Plural: Denoting more than one. See *Number*.

Possessive forms: Adjectives and pronouns used to show belonging.

> Questa è **la mia** bicicletta. This is my bike.
> E **la sua** dov'è? And where is his?

Preposition: A word (e.g. **di, a, da, per, con, su,** etc.) used before a noun or pronoun to relate it to another part of the sentence.

> Vado **a** casa verso le sette. I'll go home at seven.
> L'ha fatto **per** te. He did it for you.

Present tense: The form of a verb used to express something happening or in existence now, or as a habitual occurrence.

> **Guarda** la televisione. He is watching TV.
> Il sabato **gioca** a tennis. She plays tennis on Saturdays.
> **Facciamo** la spesa ogni giorno. We go shopping every day.

Pronoun: A word used to stand for a noun. Pronouns may refer to things or concepts ('it', 'them') or people ('she', 'him'), and may be indefinite ('someone', 'something').

> **Noi** andiamo d'accordo. We get on.
> I regali? **Li** ho comprati ieri. The presents? I bought them yesterday.

Reflexive verb: A verb whose object refers to the same person as its subject. The verb form contains an object pronoun, to indicate this reflexive action.

> **Ci alziamo** alle otto. We get up at eight.
> **Mi riposo** più tardi. I'll have a rest later.

Regular verb: A verb that follows a common set pattern.

Singular: Denoting only one. See *Number*.

Stem: The part of a verb to which endings showing tense, number, and person are added.

> **abit**are   io **abit**o, tu **abit**i, lui **abit**a

Subject: The noun, pronoun, or phrase that performs the action indicated by the verb.

> **Luisa** ha 15 anni. Luisa is 15.
> **Mio padre** fa il giornalista. My father is a journalist.
> **Mio figlio** ha due bambini. My son has two children.

Superlative: The form of an adjective or adverb used to express the highest or lowest degree. See also *Comparative*.

> le macchine **più veloci** – the fastest cars
> la cena **peggiore** – the worst dinner

Tense: The form of a verb which indicates when the action takes place, i.e. in the past, present, or future.

Transitive verb: A verb which requires a direct object.

> Maria **legge** una rivista. Maria is reading a magazine.

Verb: A word or phrase used to express what is being done or what is happening. It can also be used to express a state.

> Tu **studi**. You are studying.
> Marina **era** felice. Marina was happy.

Word order: The grammatically appropriate way in which words go together in a sentence.

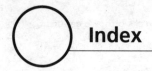

Index

In addition to the Language Building pages listed below, see also the relevant section of the Grammar Summary.